UN GAMIN ACADIEN

Pour ses activités d'édition, Bouton d'or Acadie reconnaît l'aide financière de :

Titre : Un gamin acadien. L'odyssée de Roméo LeBlanc vers Rideau Hall
Titre original (anglais) : A Boy from Acadie. Roméo LeBlanc's Journey to Rideau Hall
Texte : Beryl Young
Traduction : Robert Pichette
Révision : Réjean Ouellette
Illustrations : Maurice Cormier
Conception graphique : atelier 46
Direction littéraire : Sébastien Lord-Émard

ISBN 978-2-89750-122-8
Dépôt légal : 4ᵉ trimestre 2018
Bibliothèque et Archives Canada
Bibliothèque et Archives nationales du Québec

Tous droits de reproduction, de traduction et d'adaptation réservés pour tous les pays.

Diffusion au Canada : Prologue
Téléphone : (450) 434-0306 / 1 800 363-2864
Télécopieur : (450) 434-2627 / 1 800 361-8088
Courriel : prologue@prologue.ca

Distributeur en Europe :
Librairie du Québec/DNM
Téléphone : 01.43.54.49.15
Télécopieur : 01.43.54.39.15
Courriel : direction@librairieduquebec.fr

© Bouton d'or Acadie inc.
C.P. 575, Moncton (N.-B.), E1C 8L9, Canada
Téléphone : (506) 382-1367
Télécopieur : (506) 854-7577
Courriel : boutondoracadie@nb.aibn.com

Ce livre est également disponible en format numérique.
ISBN (PDF) 978-2-89750-123-5

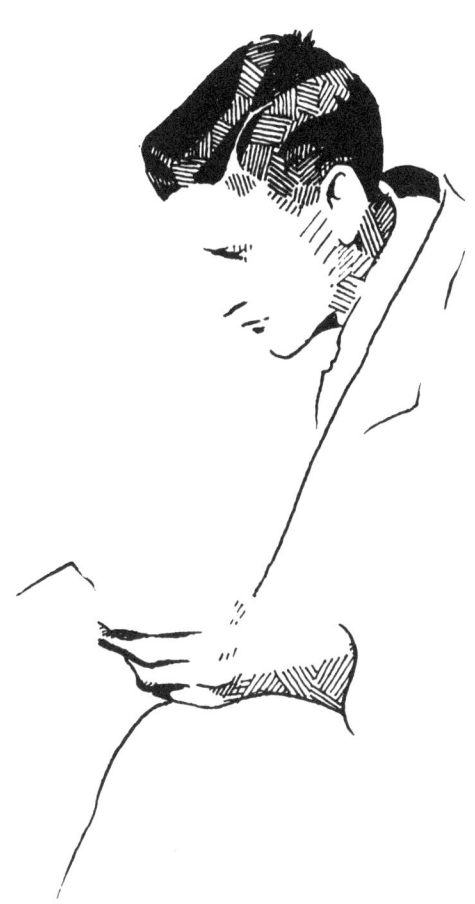

UN GAMIN ACADIEN

L'ODYSSÉE DE ROMÉO LEBLANC VERS RIDEAU HALL

Beryl Young

Traduction : Robert Pichette

BOUTON D'OR ACADIE

Ce livre est dédié à la famille de Roméo LeBlanc
et à mes nouveaux amis acadiens.

	INTRODUCTION	7
CHAPITRE 1	ENFIN, L'ÉCOLE !	9
CHAPITRE 2	TRISTES JOURS POUR LA FAMILLE	25
CHAPITRE 3	LA FIN DE L'ÉCOLE	41
CHAPITRE 4	LE CADEAU D'UNE SŒUR	49
CHAPITRE 5	EN MARCHE VERS L'UNIVERSITÉ	63
CHAPITRE 6	DANS LE VASTE MONDE	69
CHAPITRE 7	DE NOUVEAUX HORIZONS DANS LE MONDE POLITIQUE	79
CHAPITRE 8	LE GOUVERNEUR GÉNÉRAL DU CANADA	89
CHAPITRE 9	LA RETRAITE	107
CHAPITRE 10	L'HÉRITAGE DU GOUVERNEUR GÉNÉRAL ROMÉO LEBLANC	113
ANNEXES	NOTE DE L'AUTEURE	120
	REMERCIEMENTS	122
	CHRONOLOGIE	126
	RÉFÉRENCES BIBLIOGRAPHIQUES ET AUTRES RESSOURCES DOCUMENTAIRES	128
	ILLUSTRATIONS ET CRÉDITS PHOTOS	130
	INDEX	134

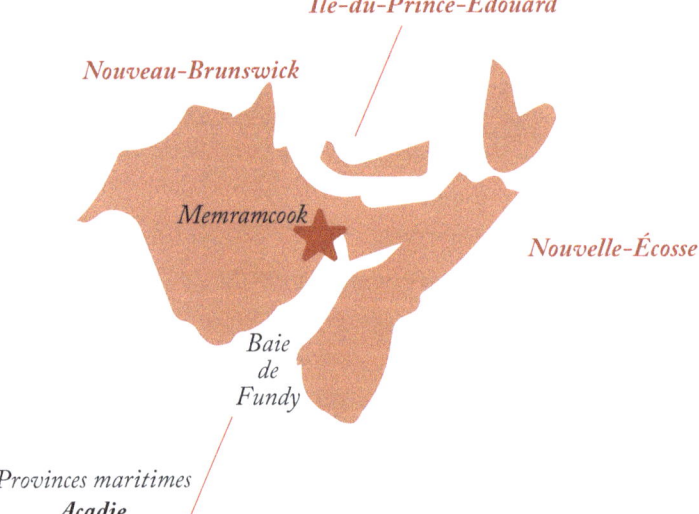

INTRODUCTION

Jamais, au grand jamais, un gamin acadien grandissant dans une petite ferme familiale du Nouveau-Brunswick n'aurait imaginé qu'un jour il mangerait en compagnie de la reine et qu'il deviendrait son représentant, occupant ainsi la plus haute fonction dans son pays.

Il s'agit pourtant de l'histoire vraie d'un Canadien appelé Roméo.

C'est l'histoire du plus jeune d'une famille de sept enfants, qui n'aurait jamais fréquenté l'école secondaire sans l'aide de sa sœur, qui lui envoyait de l'argent gagné grâce à son travail de domestique. C'est le récit d'un garçon dont le travail acharné et la volonté de s'instruire lui ont mérité des bourses pour étudier à la Sorbonne, à Paris.

Ce livre raconte comment Roméo LeBlanc en est venu à travailler avec trois premiers ministres, comment il s'est employé à protéger les droits de pêche canadiens et comment il est devenu gouverneur général du Canada.

Comment ce gamin qui aimait tremper un morceau de pain dans la mélasse au fond d'une assiette renversée, comme c'est la coutume en Acadie, sera un jour tout à fait à l'aise de manger en compagnie de la reine Élisabeth II en son manoir de Sandringham.

C'est un honneur pour moi que de vous raconter la vie remarquable d'un homme aux origines modestes, Roméo Adrien LeBlanc, qui a été le premier Acadien à devenir gouverneur général du Canada.

École élémentaire de l'Anse-des-Cormier

CHAPITRE 1
ENFIN, L'ÉCOLE !

Lorsque l'on a six ans, la première journée d'école est la journée la plus excitante au monde.

Étant le plus jeune enfant de la famille LeBlanc, Roméo dut attendre. Il attendit avec impatience que chacun de ses frères et sœurs commence l'école l'un après l'autre. Roméo trouvait les journées longues à espérer leur retour à la maison. Cependant, le soir, sa sœur Alice laissait Roméo s'asseoir près d'elle et lui permettait de tourner les pages de ses livres. Le petit garçon intelligent apprit beaucoup de choses avant même d'aller à l'école.

Roméo et sa grande famille habitaient à l'Anse-des-Cormier, près du village de Memramcook, au Nouveau-Brunswick. Leur ferme faisait partie d'une petite communauté acadienne située non loin de la baie de Fundy. Comme les autres Acadiens, ils étaient catholiques et parlaient français. Leurs ancêtres étaient venus de France pour s'installer dans le Nouveau Monde et formèrent une colonie qui devint connue sous le nom d'Acadie.

Le père de Roméo, Philéas, travaillait aux ateliers ferroviaires du Canadien National près de Moncton.

Alors qu'il avait presque six ans, en septembre 1933, le grand jour arriva enfin où Roméo put commencer ses classes.

Le cœur battant, il parcourut le sentier vers la petite école du village en compagnie de sa sœur Alice, qui avait dix ans, et de son frère Léonard, qui en avait huit.

Dès la première journée, Roméo aima l'école avec son gros poêle noir à charbon au milieu de la salle et les pupitres disposés en rangées tout autour. Mademoiselle Dorilla Blanchet, qui avait dix-neuf ans, fut son institutrice pendant les trois premières années. Pas plus grande que cinq pieds, elle avait les cheveux blonds et frisés et un sourire accueillant. Elle enseignait à cinquante-sept enfants répartis en sept classes dans une seule salle !

Roméo était tellement impatient qu'il arrivait tôt le matin pour aider mademoiselle Blanchet. Ce qui lui plaisait le plus, c'était de battre les brosses pour en faire sortir la craie. À la pause du midi, il mangeait son pain à la mélasse préparé par sa mère et sa sœur aînée, Irène, qui avait vingt ans.

Plusieurs de ses camarades de classe portaient le même nom de famille que lui, LeBlanc. Ils descendaient tous de Daniel LeBlanc, l'un des premiers colons acadiens venus de France.

HISTOIRE DE L'ACADIE ET DE LA DÉPORTATION

Roméo LeBlanc descendait directement de Daniel LeBlanc, qui quitta la France en 1645 à destination des colonies françaises d'Amérique du Nord. Daniel LeBlanc et d'autres Français s'installèrent dans la région actuelle des Maritimes, un territoire où vivait déjà le peuple mi'kmaq et que les Français nommèrent avec fierté Acadie.

Les colons acadiens s'établirent dans ce nouveau territoire plein de richesses en tant que fermiers et pêcheurs. Leur colonie se développa de façon constante et donna naissance à une identité et à une culture distinctes. Pendant des années, les Acadiens vécurent paisiblement au milieu de belles vallées et de sapins baumiers, où les étés étaient chauds et les hivers, neigeux.

En 1713, les Britanniques et les Français avaient tous deux établi des colonies en Amérique du Nord. Reflétant les conflits en Europe, il y eut de nombreux affrontements entre eux. Le traité d'Utrecht, signé cette année-là, céda la presque totalité de l'Acadie à l'Empire britannique.

En 1755, le colonel Charles Lawrence, voulant affirmer le contrôle britannique sur le territoire, exigea que les Acadiens prêtent un serment d'allégeance à la Grande-Bretagne. Les Acadiens, qui souhaitaient rester neutres et ne voulaient pas prendre les armes contre la France, refusèrent. Les autorités britanniques d'Halifax donnèrent l'ordre de les déporter. Cela signifiait transporter les Acadiens loin de leurs terres en les dispersant partout dans les colonies de la Nouvelle-Angleterre, dans ce qui deviendrait les États-Unis. Au moins 10 000 Acadiens furent déportés. Souvent, des familles furent séparées et leurs terres furent occupées par les Britanniques. Hélas ! pendant près de dix ans, les Acadiens vécurent comme des réfugiés arrachés au pays tant aimé.

En 1763, les Français et les Britanniques mirent fin à leur guerre par le traité de Paris et, peu après, les Acadiens furent autorisés à revenir dans leur ancienne colonie. Certains allèrent en France, d'autres choisirent de rester aux États-Unis et plusieurs revinrent fonder de nouveaux foyers en Nouvelle-Écosse, au Nouveau-Brunswick et à l'Île-du-Prince-Édouard, comme on appelait désormais ces territoires qui avaient jadis formé l'Acadie. Ils travaillèrent avec ardeur de sorte que leur nombre augmenta, et leur culture s'épanouit de nouveau. Les Acadiens n'obtinrent le droit de vote que cinquante ans plus tard.

De nos jours, les Acadiens comptent pour presque du tiersde la population du Nouveau-Brunswick et on en trouve un peu partout dans le monde.

Sa nouvelle amie, Laurianne LeBlanc, qui avait deux ans de plus que Roméo, s'asseyait près de lui sur un banc de bois près de la fenêtre. Lorsque le temps froid arrivait, les élèves assis près du gros poêle avaient trop chaud. Près des fenêtres, Laurianne et Roméo grelottaient.

Laurianne se souvient très bien de Roméo. « Nous étions de bons amis, dit-elle, même s'il était plus jeune que moi. Il était tellement animé. Il n'avait pas peur d'exprimer son opinion et il levait toujours la main pour répondre aux questions de l'institutrice. »

Le printemps venu, Roméo regardait les garçons plus âgés jouer au baseball. Il travaillait son lancer à la maison et demandait à un voisin de jouer avec lui. Les samedis après-midi, il y avait généralement une partie de baseball des Yankees de New York diffusée à la radio. Le héros de Roméo était Joe DiMaggio, qui se créait une belle réputation comme étonnant batteur de l'équipe des Yankees.

Roméo se hâtait de rentrer à la maison après l'école pour raconter sa journée à sa mère. Habituellement, elle était assise sur le sofa. Elle avait l'air fatigué, ses cheveux foncés s'échappaient de son chignon attaché derrière sa tête. Elle lui souriait, son plus jeune garçon, pas grand pour son âge, mais plein d'énergie et d'espièglerie. Roméo était heureux de la voir sourire. Elle avait souvent l'air triste et Roméo savait pourquoi. Il se souvenait à peine de Raoul, son petit frère mort lorsque Roméo avait trois ans. On aurait dit qu'un jour il y avait eu un bébé dans la maison qui pleurait tout le temps, puis qu'il était parti et que la maison était devenue trop tranquille.

Photo de mariage de Philéas et Lucie LeBlanc

« Maman a des maux de tête, disait Irène à Roméo. Essaie d'être tranquille. »

Irène et Émilie avaient cessé d'aller à l'école après la septième année afin d'aider leur mère à tenir maison et à prendre soin des plus jeunes enfants ainsi que de leur grand-père sourd, qui vivait avec la famille. Antoine, dix-huit ans, avait quitté l'école lui aussi et travaillait à la ferme familiale. Valéda, sœur de Roméo, était pensionnaire à l'école d'un couvent.

Les sœurs de Roméo assumaient la lourde tâche de cuisiner chaque fois que leur mère subissait un de ses fréquents maux de tête. Il fallait faire cuire les repas et des miches de pain dans le poêle à bois. La famille LeBlanc était sans doute pauvre, mais elle se nourrissait toujours bien. Les LeBlanc cultivaient des légumes dans la ferme et mangeaient de la morue et du saumon pêchés dans la rivière Petitcodiac toute proche. Par-dessus tout, Roméo aimait les saucisses grasses qui étaient parfois servies le midi. Il mangeait toujours tout ce qui se trouvait dans son assiette, sauf les pois verts. Même lorsque les pois étaient frais du jardin, Roméo ne pouvait tolérer leur goût !

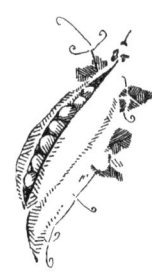

Le repas terminé, on retournait les assiettes pour verser de la mélasse dans le fond. C'était une coutume acadienne de tremper du pain dans la mélasse en guise de dessert.

Lorsqu'elle le pouvait, sa mère faisait un fricot pour le dîner. Elle plaçait sur le poêle un gros chaudron de bouillon, qu'elle remplissait de légumes et de poulet ou de poisson, et ajoutait toujours de la sarriette fraîche et, parfois aussi, des boulettes de pâte. C'était un vrai régal acadien, qui était souvent servi accompagné de tétines de souris (salicorne) cueillies par Roméo et Alice dans les marais salants au bord de la rivière Memramcook. Les tétines de souris cuites à la vapeur étaient délicieuses. Elles avaient le même goût que les asperges.

La première année scolaire de Roméo s'écoula rapidement et mademoiselle Blanchet le promut en deuxième année. « C'est un petit gars intelligent », dit-elle à ses parents. Roméo fut bien content d'apprendre qu'elle serait encore son institutrice l'année suivante.

Roméo devait donner un coup de main à la ferme durant l'été. Même s'il était le plus jeune, il devait faire sa part et le travail semblait n'en plus finir. Il fallait tirer l'eau du puits, désherber constamment le grand jardin, corder du bois. Chaque jour, il fallait nourrir les vaches, les cochons et les poules.

Son frère Léonard avait la responsabilité de rentrer les bêtes le soir et il avait l'habitude d'emmener Roméo avec lui. Roméo restait au bord du pré, effrayé par les vaches, mais surtout par le bœuf, qui était d'une taille imposante et avait l'air menaçant. Léonard, qui aimait tous les travaux de la ferme, et tout particulièrement s'occuper des animaux, ne comprenait pas les craintes de son frère, envers qui il s'impatientait.

Un jour à la fin de l'été, Léonard envoya Roméo rentrer seul les animaux. Roméo revint et annonça que les animaux n'étaient pas dans le pré. « Elles ne sont tout simplement pas là », dit-il, essayant de convaincre son frère. Alarmé, Léonard courut au pré, où il trouva les animaux, bien entendu, tout comme le bœuf!

« Il n'y a rien à faire avec Roméo! » dit Léonard à ses parents.

Couverture du Petit Larousse 1905 : « Je sème à tout vent »

La seule tâche que Roméo semblait aimer était de cueillir des baies avec ses sœurs et, bien entendu, il affectionnait tout ce qui avait rapport à l'école.

- GRANDIR -

Au mois de septembre suivant, Roméo était impatient de retourner à l'école et de retrouver mademoiselle Blanchet, Laurianne et ses autres amis. Tous parlaient français et les sujets étaient enseignés en français, mais les manuels fournis par la province étaient en anglais. Seuls les livres d'histoires étaient en français.

Roméo travaillait toujours rapidement et il terminait souvent ses leçons avant les autres élèves de la classe. Lorsqu'il finissait tôt, mademoiselle Blanchet lui permettait de se plonger dans la lecture d'un ouvrage de classe très consulté, *Le Petit Larousse*. Ce gros livre était un dictionnaire doublé d'une encyclopédie. Il était plein de photos intéressantes et de nouveaux mots à apprendre. La devise de l'édition de 1905 était « Je sème à tout vent ». Ce bouquin ouvrit une fenêtre sur le monde pour le jeune Roméo.

De nombreux Acadiens de la région étaient employés sur les trains à vapeur dans la gare de triage des chemins de fer Canadien National (CN) à Moncton.

Parfois, Roméo et ses amis allaient regarder défiler les trains de marchandises chargés de morue salée qui se dirigeaient vers l'ouest. On leur avait dit que la morue était envoyée dans les Prairies canadiennes, où les cultivateurs l'utilisaient pour boucher les trous dans les toits de leurs maisons. Roméo était étonné. Au Nouveau-Brunswick, on *mangeait* la morue salée ! Partout au Canada, les gens souffraient durant la Grande Crise et la morue était en fait expédiée comme nourriture dans les Prairies, mais le cadeau n'avait pas eu l'effet escompté parce que la plupart des gens dans les Prairies trouvaient la morue trop salée pour la manger.

Une autre fois, Roméo se dirigeait avec des camarades vers le pont de Rockland, un long pont couvert situé non loin, et lorsqu'ils atteignirent la voie ferrée, Roméo s'étendit en plaçant une oreille sur l'un des rails. « C'est idiot de faire ça », lui dirent ses amis. Roméo insista en disant qu'il voulait tout simplement entendre venir le train.

« Des trains, il en passe tout le temps, lui crièrent-ils en le redressant. Tu es fou, lui dirent-ils. Tu vas te faire tuer ! »

Mais Roméo était fasciné par les trains, qui arrivaient d'un monde bien plus grand que son village. Il était loin de se douter qu'un jour un train semblable l'emmènerait vers ce vaste monde, loin du village et de sa famille.

Lorsque l'hiver arrivait et que la neige s'accumulait sur les pentes glacées près de son école, Roméo était le premier dehors à la récréation. Il avait son propre petit traîneau, sur lequel il s'élançait dans la neige du haut de la colline, un geste qu'il répétait sans jamais se lasser.

À la fin de sa seconde année, mademoiselle Blanchet écrivit que c'était un plaisir que d'enseigner à Roméo. Il était bon dans tous les sujets et le premier de sa classe.

Irène, sa sœur aînée, avait toujours pris un soin particulier de Roméo. Depuis que leur mère ne se remettait pas du chagrin causé par la mort du bébé, c'était Irène qui lui cuisinait ses crêpes à la farine de sarrasin pour le déjeuner. C'est elle qui l'envoyait à l'école en s'assurant qu'il avait son goûter.

Cependant, les choses étaient sur le point de changer. Irène s'était éprise d'un fermier de la région qui vint lui faire sa cour selon le rituel acadien appelé la grande demande. La famille se prépara à la visite du prétendant en confectionnant des sandwichs spéciaux. Ce fut la seule occasion où l'on enleva la croûte du pain. Toutefois, lorsque le prétendant vint à la maison, la famille découvrit que le plateau de sandwichs avait disparu ! Roméo les avait mangés dans l'espoir que, privé de sandwichs, le prétendant renoncerait à Irène. Ce n'est pas ce qui se produisit, car Roméo s'attira des ennuis et l'idylle d'Irène s'épanouit. Quelques mois plus tard, elle se maria et emménagea avec son mari dans la ferme de celui-ci. Elle manqua terriblement à Roméo, qui l'avait toujours considérée comme sa seconde mère.

L'HISTOIRE D'ÉVANGÉLINE

Le fameux poème *Évangéline* (1847) a été écrit par Henry Wadsworth Longfellow. Il raconte la tragique histoire d'une jeune femme acadienne qui est séparée de son bien-aimé, Gabriel, durant la Déportation. Évangéline a passé des années à chercher Gabriel. Elle ne l'a retrouvé que lorsque tous les deux étaient devenus âgés et que Gabriel se trouvait sur son lit de mort. La statue d'Évangéline se trouve à Grand Pré, en Nouvelle-Écosse, où beaucoup d'Acadiens ont été embarqués sur des navires, qui les emportèrent loin de leurs terres.

CHAPITRE 2
TRISTES JOURS POUR LA FAMILLE

Au cours de l'année scolaire suivante, la famille devint de plus en plus alarmée par les nombreux maux de tête de la mère. Roméo se hâtait de rentrer à la maison, où il trouvait sa mère assise sur le sofa, tenant sa tête entre ses mains. Il s'asseyait à ses côtés et essayait de la soulager en lisant dans un de ses livres de classe.

Mais un jour en février, Roméo rentra chez lui et sa mère n'était pas assise sur le sofa. Son père était à la maison. Entourant Roméo de ses bras, il lui dit tendrement : « Ta maman est morte ce matin. »

Roméo avait huit ans et il lui sembla que la fin du monde était arrivée. Pourquoi était-elle morte ? Les parents ne meurent que lorsqu'ils sont vieux. Sa mère n'était pas vieille.

Irène s'assit sur le sofa près de Roméo. Elle lui expliqua que le médecin avait dit que leur maman était probablement morte à cause de sa

La mère de Roméo, Lucie LeBlanc

tension artérielle élevée. Elle n'avait que quarante-neuf ans. Roméo sanglota jusqu'à ce qu'il fut si épuisé qu'il ne pouvait plus pleurer.

Le corps de leur mère fut exposé dans sa chambre à coucher, où leur père amena les enfants pour un dernier adieu. Les sœurs de Roméo serraient leur petit frère qui pleurait, accablé de chagrin.

Alice cousit des bandes noires sur les vestons de ses frères et, durant les deux jours qui suivirent, les visiteurs vinrent offrir leurs condoléances à la famille. Des camarades d'école rendirent visite à Roméo après la classe mais, une fois sur place, on ne trouva Roméo nulle part. Il s'était caché sous son lit et ne voulait pas se montrer. Le garçon affligé ne voulait pas que ses camarades le voient pleurer.

Les choses changeaient rapidement dans la famille. Émilie avait quitté le foyer quelques mois plus tôt, alors qu'elle avait à peine seize ans. Elle avait trouvé un emploi comme domestique dans une famille près de Boston, aux États-Unis. Roméo ne la voyait que deux fois par année, lorsqu'elle revenait à la maison durant ses vacances. Par conséquent, sa sœur Valéda, qui aimait fréquenter l'école du couvent tout près, dut abandonner ses études pour aider à la maison.

Antoine et Léonard voyaient aux travaux de la ferme, tandis qu'Alice était occupée à aider Valéda dans la cuisine. Léonard était constamment mécontent de Roméo parce que celui-ci détestait de plus en plus le travail agricole. La mère de Roméo manquait à tous les membres de la famille, mais à personne autant qu'à son plus jeune fils.

Les Rouges de soixante-neuf

Nous n'avions de matelas sur les mains,
Ni de cage sur le visage;
Nous nous tenions droits et attrapions la balle
Avec courage et élégance.

– Harry Ellard (années 1880, traduction libre)

- ENCORE DU BASEBALL -

Le printemps fut une période très malheureuse pour Roméo, mais ses amis à l'école se montraient compréhensifs et gentils avec lui. Roméo était assez vieux pour jouer au baseball avec les plus grands garçons. Pendant des heures, ils jouaient à la balle dans un pâturage à vaches derrière l'école, utilisant des sacs de jute pour indiquer les buts.

Leur vieux bâton de baseball ne tenait en un seul morceau que grâce à du ruban masque et à de la colle. En courant vers un coussin, il fallait parfois glisser dans la bouse de vache laissée un peu partout dans le pâturage. Il n'y avait pas toujours assez de garçons pour former deux équipes, de sorte qu'ils jouaient tous à plusieurs positions. La position préférée de Roméo était celle de receveur. Il ne portait jamais de masque pour se protéger ni de gant pour attraper la balle.

Un jour, un frappeur s'élança pour cogner la balle et son bâton frappa Roméo au visage. On l'emmena chez un médecin, qui constata qu'il avait le nez cassé. De retour à la maison, Roméo dit à Alice que le médecin n'avait pas été tendre. Il avait saisi son nez, l'avait tiré d'un coup sec pour le remettre en place et l'avait renvoyé à la maison. Mais le lendemain, Roméo était de retour au jeu.

C'est à cette époque que Roméo développa sa grande passion pour le baseball des ligues majeures. Les parties des Yankees de New York étaient diffusées à la radio chaque samedi après-midi et Roméo essayait de les écouter toutes. Il s'asseyait les jambes croisées sur le plancher près du gros poste de radio dans le salon familial pour applaudir son champion, Joe DiMaggio, qui continuait de frapper des coups étonnants.

Lorsque Roméo fut promu en quatrième année, une institutrice d'une autre école était en pension chez la famille LeBlanc. C'était là une splendide occasion pour Roméo; il avait une institutrice dans sa propre maison ! Il pouvait prendre ses repas avec elle et, le soir, lui poser des questions à propos de ses travaux scolaires. Autant de nouvelles chances d'apprendre des choses qui fascinaient ce garçon curieux. Le soir venu, ils s'asseyaient côte à côte à la table de la cuisine avec des manuels scolaires, éclairés par une seule lampe à kérosène.

Un dimanche au cours de l'été, Roméo alla avec son amie Laurianne cueillir des bleuets dans un champ près de Taylor Village, la localité de langue anglaise située à quelques kilomètres de la ferme. La famille catholique de Roméo assistait à la messe les dimanches matin, si bien qu'il semblait maintenant étrange d'entendre chanter des hymnes en après-midi dans une église protestante baptiste.

Laurianne et Roméo cueillirent des bleuets toute la journée. Roméo en récolta sept boîtes et Laurianne en cueillit douze. L'employeur anglophone avait établi leur paiement à un sou la boîte, mais Valéda, qui vint à leur rencontre, discuta avec le patron : « Vous devriez payer deux sous la boîte », lui dit-elle. Finalement, l'homme accepta. Ainsi, Laurianne gagna vingt-quatre sous et Roméo, quatorze. C'était beaucoup d'argent à l'époque. Ils étaient riches !

Avec la fabuleuse somme de quatorze sous dans sa poche, Roméo marcha jusqu'au magasin général de Memramcook. Le magasin se trouvait à proximité de l'imposant édifice qui abritait le Collège Saint-Joseph. Il acheta de la gomme à mâcher à un sou le paquet. Le paquet comprenait une carte de hockey avec la photo d'un joueur. Roméo adorait collectionner les cartes autant qu'il aimait mâcher de la gomme. Jamais à l'école, bien entendu.

Lorsqu'il eut onze ans, Roméo eut un emploi d'été avec les hommes qui réparaient les digues, où il était le chronométreur. Les digues avaient été construites pour empêcher la grande marée, c'est-à-dire l'eau salée des marées de la baie de Fundy, d'inonder les champs tout proches. Roméo avait la tâche de signaler aux travailleurs le moment approprié pour ouvrir les vannes et laisser l'eau s'écouler.

Ouverture d'un aboiteau sous une digue

Durant les deux années scolaires suivantes, soit les sixième et septième années, Roméo mena une vie très active en dehors de l'école. Les garçons jouaient au hockey sur la glace du marais presque à tous les jours. Son ami qui était le gardien de but bourrait ses bas d'épais catalogues Eaton en guise de jambières. L'été, ils jouaient au baseball dans le champ derrière l'école. Et puis, il y avait toujours du travail à faire à la ferme, sous la supervision de Léonard. Chaque fois qu'il le pouvait, Roméo s'échappait pour lire un de ses livres. Léonard le trouvait et le ramenait au travail.

Chaque samedi, Léonard envoyait Alice et Roméo désherber le jardin sous un soleil de plomb. Le désherbage semblait sans fin. Un jour, Roméo se mit à rouspéter et à se traîner les pieds. « Ça prend trop de temps. Je vais manquer le match de baseball à la radio », dit-il à Alice. Elle sourit malicieusement et murmura : « Arrête de te plaindre, j'ai une idée. »

Tranquillement et délibérément, elle montra à son frère comment ignorer les mauvaises herbes et arracher les jeunes tiges de carottes et de betteraves. Roméo était une personne qui apprenait rapidement et le plan de sa sœur fonctionna. Lorsque Léonard vint inspecter le jardin et qu'il vit les ravages que son frère avait faits, arrachant de bonnes plantes mais laissant la mauvaise herbe intacte, il annonça qu'il ne le laisserait plus jamais seul dans le jardin. C'était exactement ce que Roméo voulait entendre !

Celui-ci adressa un sourire à Alice et se précipita pour écouter la dernière manche du match de baseball. La partie terminée, Roméo se tint loin de Léonard, attrapa un morceau de sucre à la crème dans la cuisine et s'échappa avec un livre.

C'est lorsqu'il se trouvait à l'école que Roméo était le plus heureux. Tous les enseignants soulignaient la diversité de ses intérêts et son enthousiasme pour l'apprentissage. Il n'était jamais timide et il ne craignait jamais de s'exprimer en classe. C'est peut-être parce qu'il était le plus jeune de la famille. Il se portait toujours volontaire pour les récitations. Il s'agissait de présentations devant les camarades de classe, où les élèves récitaient des poèmes appris par cœur. À Noël, l'école montait un spectacle dans lequel Roméo avait toujours un rôle. Les membres de sa famille étaient présents et applaudissaient bruyamment le petit dernier qui était si extraverti et sûr de lui.

Il y avait des rumeurs d'une guerre en Europe et, au début de la rentrée scolaire suivante, en 1939, la Grande-Bretagne et la France déclarèrent la guerre à l'Allemagne hitlérienne. L'Europe semblait bien loin, mais la radio diffusait continuellement des nouvelles concernant l'invasion de la France par l'Allemagne. Roméo ne se doutait pas que, dans quelques années, il serait lui-même étudiant en France à la célèbre université de la Sorbonne.

Livres en français utilisés dans les classes de Roméo

Durant sa dernière année d'école élémentaire, il y eut une nouvelle institutrice, que tous les élèves aimaient. Elle avait menacé de quitter son poste, à moins que la commission scolaire n'augmente son salaire. Comme l'hiver était rude, l'institutrice accepta de rester moyennant l'achat d'un manteau d'hiver chaud qui devait coûter six dollars. Un commissaire visita tous les parents du district, demandant vingt-cinq cents à chaque famille. Toutes les familles contribuèrent, y compris celle de Roméo, de sorte que la populaire institutrice, portant son nouveau manteau chaud, resta en poste.

Cette année-là, il y avait, dans le livre de lecture scolaire, une histoire intitulée « Le cœur d'une mère ». Roméo lut ce récit d'une jeune fille qui apprenait la mort de sa mère. Le cœur brisé, la jeune fille s'agenouille en pleurant près du lit. Ses larmes tombent sur la poitrine de sa mère. Selon le récit, la fille entend soudain battre le cœur de celle-ci. Ses larmes l'avaient ramenée à la vie.

Pauvre Roméo. Il posa la tête sur son pupitre. Il avait tant pleuré lorsque sa mère était morte, mais elle n'était pas revenue à la vie. Le récit lui fit regretter celle-ci plus que jamais.

Les années d'écolier de Roméo prirent fin lorsqu'il termina la septième année. Le père de Roméo avait toujours dit que c'était assez de scolarité pour des enfants. Philéas n'avait lui-même jamais appris à lire ou à écrire, et il avait besoin de ses enfants pour aider aux travaux de la ferme.

Roméo devait accepter le fait que tous ses frères et sœurs avaient quitté l'école après la septième année, et qu'il n'y aurait plus d'école pour lui non plus. Même sa bonne amie, Laurianne, avait quitté l'école deux ans plus tôt et commençait maintenant à gagner sa vie comme couturière au village.

Roméo se contenta du baseball et de la lecture, quand il pouvait en trouver le temps au cours de ses longues journées de travail à la ferme.

Le Collège Saint-Joseph de Memramcook

CHAPITRE 3
LA FIN DE L'ÉCOLE

Le long été de travail à la ferme était terminé. Roméo avait travaillé avec son père chaque jour du mois d'août à couper des sapins pour les vendre comme bois de chauffage. Le bois devait être fendu puis chargé sur une charrette. C'était un rude travail et Roméo réalisait que ses jambes devenaient plus fortes et ses bras, plus musclés. D'une certaine façon, il y avait du bon à être en forme et actif après un hiver assis derrière un pupitre d'école, mais il commençait à s'ennuyer. Ferait-il ce genre de travail pour le restant de ses jours ?

En septembre, quelques-uns de ses amis de l'Anse-des-Cormier commencèrent leur cours secondaire à Moncton, à trente kilomètres de là. Pour Roméo, le temps était venu d'atteler les chevaux à la charrette pour livrer le bois à Memramcook avec son père. Le premier chargement était destiné au plus gros bâtiment du village, le Collège Saint-Joseph, dirigé par les Pères de Sainte-Croix. Le collège offrait trois années du cours secondaire ainsi que quatre années menant à l'obtention d'un diplôme universitaire.

Le père de Roméo conduisit les chevaux jusqu'à un grand hangar à l'arrière de l'édifice de pierre et de brique. Il fit signe à Roméo de descendre et de commencer à décharger le bois. Ils travaillèrent ensemble pendant près d'une heure à corder le bois dans le hangar.

La porte arrière du collège s'ouvrit et le supérieur, le père Laurent Lapalme, sortit, prêt à payer le bois au père de Roméo. Pendant que les deux hommes réglaient le paiement, qui ne le concernait pas, Roméo prit un livre qu'il avait apporté avec lui, sauta dans la charrette et commença à lire. Il écoutait à peine la conversation du prêtre et de son père.

Le père Lapalme demanda pourquoi le garçon n'était pas à l'école. Philéas répondit : « Mon fils a fini l'école en juin. J'en ai besoin pour aider aux travaux de la ferme. »

« Il a le nez dans un livre. Il semble être un garçon intelligent », dit le père Lapalme.

Philéas répondit : « Roméo lit tout le temps. Il va vite s'habituer au dur labeur. »

Le père Lapalme haussa les épaules. « C'est bien dommage, dit-il. Le garçon pourrait être un excellent élève. »

En entendant cela, Roméo releva la tête et regarda le grand édifice de pierre et de brique, les rangées de fenêtres sur les cinq étages. Classes, professeurs, livres...

Le père Lapalme remarqua sans doute la grande envie qui se lisait sur le visage de Roméo et il se pencha plus près du père de Roméo afin de le persuader. Il lui dit : « Les élèves au collège apprennent l'anglais. C'est important pour réussir dans la vie »

Le père de Roméo ne répondit pas.

Le père Lapalme essaya de nouveau en lui faisant une offre : « Voici ce que je propose. Si vous donnez au collège ce chargement de bois pour l'hiver, Saint-Joseph offrira gratuitement en retour à votre garçon une année complète d'études. »

Philéas secoua la tête en disant : « Non, merci. Mes garçons travaillent tous à la ferme. »

Le père Lapalme regarda le père de Roméo dans les yeux et lui dit : « Réfléchissez. C'est une bonne affaire pour vous et une occasion en or pour votre garçon. »

Roméo écoutait attentivement.

Philéas regarda à son tour le père Lapalme. « Je ne changerai pas d'avis », dit-il fermement.

Le père Lapalme dit qu'il comprenait et il lui remit l'argent pour payer le chargement de bois.

Sur le chemin du retour, Roméo baissa la tête. Ses yeux brûlaient tellement, qu'il ne put reprendre sa lecture.

Philéas LeBlanc, le père de Roméo

- ÉMILIE DÉCIDE D'AIDER -

Les semaines passèrent et Roméo ne pensa pas trop à sa chance manquée. C'était son père qui commandait dans leur famille. Quand on a douze ans, on doit obéir.

Roméo travailla tous les jours à la ferme, bêchant les navets destinés à nourrir le bétail et s'occupant des vaches, en gardant toujours un œil sur le gros bœuf. Chaque jour, il devenait de plus en plus clair dans son esprit qu'il n'était pas comme Antoine et Léonard, qui aimaient le travail agricole. Jamais il ne pourrait être comme eux.

L'automne arriva et toute la famille avait hâte de revoir Émilie à la maison pour la fin de semaine de l'Action de grâces. Émilie arriva, pleine d'histoires de sa vie comme servante à Boston. Elle les fit tous rire avec ses récits amusants au sujet de la famille qui l'employait.

Valéda et Alice firent de leur mieux pour préparer un bon repas familial. Elles firent cuire un gros chaudron de délicieux fricot au poulet comme leur mère le faisait pour les occasions spéciales. Émilie s'informa à table de chacun et chacune. C'est ainsi qu'elle apprit que plus tôt, en septembre, le supérieur de Saint-Joseph avait offert à Roméo une place en huitième année au collège.

Lorsque Émilie apprit que son père avait refusé l'offre, elle posa sa cuillère et le regarda de l'autre côté de la table. « Papa, je ne comprends pas. Pourquoi refuser à Roméo la chance d'avoir une meilleure éducation ? »

Philéas continua à manger.

« Roméo est le plus brillant de nous tous, reprit Émilie. Il devrait avoir sa chance. La possibilité d'aller faire ses preuves dans le monde plutôt que de rester coincé à la ferme. »

Le père secoua la tête. « Une éducation secondaire forme les garçons à devenir des commis et des avocats. Je veux que mes garçons restent honnêtes, qu'ils ne vivent pas uniquement pour l'argent. »

Alice prit alors la parole. « Si maman était ici, dit-elle, elle voudrait que Roméo fasse son secondaire. »

Philéas prit un air solennel et tous restèrent muets autour de la table. C'était vrai. Maman avait insisté pour que Valéda poursuive son éducation au couvent, mais Valéda avait ensuite dû le quitter pour aider à la maison, après la mort de sa mère.

On laissa tomber la question de l'éducation secondaire pour Roméo et le repas continua.

Émilie ne dormit pas de la nuit. Les garçons dans la famille américaine pour laquelle elle travaillait iraient tous à l'école secondaire. Roméo devrait avoir cette possibilité lui aussi. Il suffisait de voir comment il avait bien réussi à l'école, combien ses enseignantes avaient loué son travail et affirmé qu'il était brillant ! Il était évident qu'il n'était pas fait pour les corvées de la ferme.

Le lendemain matin, sa décision était prise. Elle emploierait son propre argent pour payer l'inscription de Roméo au collège. Son père ne pouvait pas l'en empêcher.

Philéas ne se fit pas trop tirer l'oreille. Antoine et Léonard étaient toujours à la maison pour aider. Bientôt, ils se marieraient et leurs femmes viendraient vivre avec eux. Ils auraient des enfants et il y aurait davantage de bras pour contribuer aux tâches. Peut-être aussi que le rappel de la mémoire de sa femme bien-aimée l'avait amené à changer d'idée à propos de Roméo.

Émilie n'avait pas beaucoup d'économies. Avant de partir pour reprendre son travail de l'autre côté de la frontière, elle s'arrangea avec le collège pour payer par versements durant l'année.

Roméo serait le premier de la famille à faire son cours secondaire. Ce serait grâce à sa sœur qui travaillait comme domestique dans une famille aux États-Unis.

CHAPITRE 4
LE CADEAU D'UNE SŒUR

L'année scolaire avait débuté depuis plus de deux mois, mais Roméo était impatient de commencer sa nouvelle vie en huitième année. Il aurait treize ans en décembre. Il était petit et maigre pour son âge, mais il était prêt à apprendre.

La ferme des LeBlanc était située à plus de cinq kilomètres de Memramcook, de sorte que Roméo devait pensionner dans une famille du village. Vivre éloigné de sa famille était une expérience nouvelle et étrange. Même la nourriture était surprenante. Sa logeuse servait du beurre d'arachide presque tous les jours, un aliment que Roméo n'avait jamais aimé. Lorsqu'elle servait des pois verts, il les repoussait au bord de son assiette.

Roméo adora les cours secondaires. C'était merveilleux d'apprendre des choses nouvelles. Le père Goguen, l'un de ses professeurs, prit Roméo sous son aile et l'aida à s'adapter à la grande école. « Il est important d'apprendre l'anglais, lui disait-il. Cela te sera très utile dans l'avenir. » Le père Goguen avait raison.

Roméo avait toujours eu de la facilité à apprendre, mais il découvrit avec surprise qu'un de ses cours au collège était difficile. C'était le français – la langue qu'il avait parlée toute sa vie, la langue de ses enseignantes à l'école élémentaire ! Cependant, celles-ci n'avaient jamais enseigné la grammaire ou l'orthographe. Ce fut un rude choc pour Roméo lorsqu'il fit 32 fautes lors de son premier test de français !

Il lui fallait redoubler d'efforts en français, se maintenir au niveau des autres élèves en mathématiques, en géographie et en histoire et, pour la première fois, apprendre l'anglais.

Roméo n'avait jamais eu peur du dur labeur et cela porta fruit. Chaque semaine passée au Collège Saint-Joseph augmentait sa confiance en ses propres capacités.

La première année s'écoula rapidement. Il y eut de gros changements cette année-là dans sa famille. Valéda s'était mariée récemment et avait quitté le foyer pour aller vivre avec son mari, Éloi. Émilie vivait toujours au loin, au Massachusetts. Alice, Léonard et Antoine habitaient à la maison familiale, mais Antoine s'était marié lui aussi. Il amena son épouse Mélindé, une fille de l'endroit âgée de seulement dix-huit ans, vivre à la ferme des LeBlanc. Elle aidait Alice dans la cuisine et était elle-même bonne cuisinière. Comme ses sœurs, Mélindé gâtait Roméo et elle devint vite comme une nouvelle mère pour lui.

À cause de la guerre, le sucre, la mélasse et le beurre étaient rationnés, mais Mélindé gardait ses coupons de rationnement pour concocter des pâtisseries spéciales pour la famille. Elle trouvait le moyen de confectionner des « poutines à trou », un délicieux mélange de farine, de sucre et de suif roulé en boule farcie de raisins, de morceaux de pomme et de cannelle et percée d'un trou. Roméo adorait ce dessert.

Chaque fin de semaine, Roméo marchait du collège à la ferme, apportant son linge pour le faire laver. Après avoir insisté pendant des mois pour que Roméo donne un coup de main, Léonard finit par comprendre que son frère ne serait jamais fait pour ce genre de travail. Son frère était peut-être brillant, mais il serait toujours nul dans une ferme.

LA POUTINE À TROU

Pour 12 poutines
Roméo raffolait de cette gâterie.

Ingrédients

PÂTE :
2 ½ tasses de farine
4 c. à thé de poudre à pâte
½ c. à thé de sel
2 c. à table de sucre
¼ tasse de beurre
¾ tasse de lait

GARNITURE :
4 pommes, pelées et coupées en petits morceaux
½ tasse (plus ou moins) de raisins
½ tasse de canneberges

SIROP :
1 tasse de sucre brun
¾ tasse d'eau

Méthode

1. Tamiser la farine. Ajouter la poudre à pâte, le sel et le sucre. Mélanger avec le beurre.

2. Ajouter le lait et bien mélanger la pâte. Diviser en douze morceaux.

3. Rouler chaque morceau en rondelle d'environ 12 cm (5 pouces) de diamètre.

4. Placer les pommes, les raisins secs et les canneberges au centre de chaque rondelle.

5. Humecter les rebords de la pâte avec du lait ou de l'eau et enrouler la pâte autour des ingrédients pour former une boule.

6. Placer les boules sur une plaque à biscuit. Percer une petite ouverture au sommet de chaque boule.

7. Cuire au four à 350 °F pendant 30 minutes ou jusqu'à ce que les poutines à trou soient d'un brun doré.

8. Préparer le sirop en faisant bouillir le sucre brun dilué dans l'eau pendant 5 minutes.

9. Verser le sirop dans l'ouverture de chaque poutine.

Alice, déçue de ne pas avoir trouvé un emploi au village, continuait de travailler fort aux côtés de Roméo, sous la surveillance de Léonard, qui s'assurait qu'ils arrachent la mauvaise herbe plutôt que les légumes.

Comme bien des jeunes gens dans les années 1940, Alice avait commencé à fumer. Roméo harcela sa sœur jusqu'à ce qu'elle accepte de lui donner sa première cigarette. Ils se sauvaient en cachette chaque fois qu'ils pouvaient éviter les travaux de la ferme. Devenu adulte, Roméo disait toujours en plaisantant que c'était sa sœur Alice qui l'avait entraîné à fumer, mais il s'empressait de préciser que, plus tard, il était revenu à la raison et qu'il avait abandonné cette habitude.

À l'été, Émilie revint à la ferme pour des vacances de deux semaines. La famille pour laquelle elle travaillait comptait un garçon qui avait deux ans de plus que Roméo. Émilie avait apporté avec elle des vêtements usagés que le garçon ne pouvait plus porter. Un veston brun en tweed au motif en pied-de-poule devint le vêtement préféré de Roméo. Il était un peu trop grand pour lui et tellement voyant qu'on ne pouvait le manquer! Avec le veston, il y avait aussi une paire de chaussures à plastron brun et blanc comme on n'en avait jamais vu dans le village. Elles lui avaient été données par sa grande sœur, et Roméo les porta avec fierté. Il aimait la présence d'Émilie et il était toujours triste lorsque ses courtes vacances prenaient fin et qu'elle devait retourner à Boston.

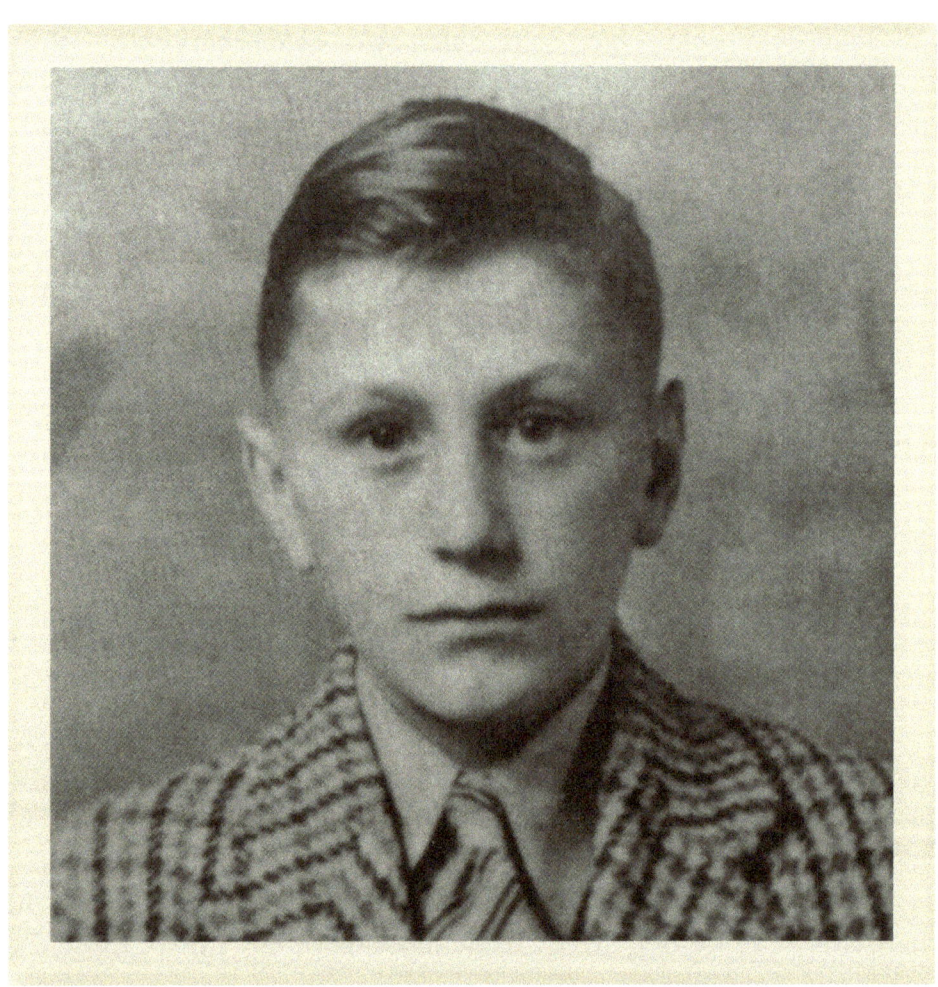

Roméo portant fièrement son veston pied-de-poule

Plus tard au cours de l'année, il y eut un autre grand changement dans la vie de Roméo. N'ayant pu trouver d'emploi à Memramcook, Alice décida d'aller rejoindre sa sœur aux États-Unis, où elle trouva du travail comme domestique dans la petite ville de Fitchburg, Massachusetts, pas très loin d'Émilie. Dorénavant, elle pourrait aider celle-ci à payer les dépenses liées aux études de leur jeune frère. Roméo s'ennuya de sa sœur, qui le faisait rire et qui lui avait montré à jouer des tours.

Durant ses années d'études secondaires, Roméo était un garçon sportif et populaire, qui se fit beaucoup d'amis. L'hiver, il y avait le hockey sur l'étang gelé derrière l'école. Lorsque la température devenait plus chaude, ils jouaient au baseball durant des heures dans un champ voisin du collège.

Au cours du printemps et de l'été 1941, Joe DiMaggio connut sa fameuse séquence de cinquante-six matchs consécutifs avec au moins un coup sûr, un record qui contribua à donner aux Yankees de New York neuf championnats mondiaux. Jour après jour, comme tout le monde au pays, Roméo était collé à la radio pendant que s'établissait le record de matchs avec coup sûr. Il rêvait de voir un jour son idole au bâton.

Roméo (à droite) et ses amis scouts

Roméo et ses camarades de collège étaient trop jeunes pour s'enrôler dans les troupes durant la guerre, mais ils s'étaient joints à une troupe de scouts qui faisait du camping au lac Saint-Camille, tout proche.

Le Nouveau-Brunswick joua un rôle de premier plan durant la guerre qui se déroulait en Europe. Il y avait non loin de Memramcook une importante base d'entraînement des forces aériennes, où pilotes et équipages des quatre coins du monde s'entraînaient. Les garçons du village étaient ravis chaque fois que des bombardiers Anson ou Harvard volaient à basse altitude au-dessus du village.

Presque chaque jour, des trains bondés de soldats canadiens filaient sur la voie ferrée à proximité du collège. Roméo se joignait à d'autres garçons le long des rails pour saluer les troupes en route pour Halifax, d'où les soldats s'embarqueraient pour aller combattre outre-mer.

Les deux années suivantes passèrent rapidement pendant que Roméo grandissait physiquement et intellectuellement, s'épanouissant dans la vie animée de Saint-Joseph. Quels que soient les défis que lui lançaient ses professeurs, Roméo n'en travaillait que davantage.

Au cours de sa troisième année au secondaire, la sœur de Roméo, Émilie, s'éprit d'un soldat américain et l'épousa. Freddie Gallant était un Acadien lui aussi, descendant d'Acadiens qui étaient restés en Nouvelle-Angleterre après la Déportation. Émilie et son nouveau mari décidèrent de faire quelque chose d'extraordinaire pour Roméo. Quelque chose qui lui permettrait de réaliser son rêve le plus cher.

LA CARRIÈRE DE JOE DIMAGGIO AU BASEBALL

Joe DiMaggio naquit en 1914 en Californie. Il avait huit frères et sœurs. Son père, originaire de Sicile, voulait que Joe devienne pêcheur comme lui, mais lorsqu'il l'envoya nettoyer les bateaux, Joe découvrit qu'il n'aimait pas l'odeur du poisson. Il décida de s'entraîner à la balle en espérant pouvoir jouer au baseball dans les ligues majeures.

Son acharnement donna de bons résultats de sorte que, à 25 ans, il devint le frappeur étoile des Yankees de New York. Il connut son plus grand succès comme frappeur à l'été 1941, lorsque « Joltin Joe », comme on l'appelait, accomplit l'impossible en brisant le record précédent de 41 matchs consécutifs au cours desquels il frappe au moins un coup sûr..

Cet été-là, la tension augmentait de match en match alors que Joe frappait une séquence de coups de circuit et de longues balles. Sous les applaudissements de 31 000 amateurs, sa séquence de coups sûrs et de circuits augmenta à 20 parties ! À 30 parties ! Elle dépassa le record de 41 parties ! Joe continuait de frapper la balle et il atteignit l'incroyable score inégalé de 56 matchs consécutifs dans lesquels il frappa au moins un coup de circuit ou coup sûr. Le stade tout entier l'applaudit avec enthousiasme, tout comme ses admirateurs partout en Amérique du Nord, branchés sur leurs radios. Le record de coups frappés par Joe plaça l'équipe des Yankees sur un parcours victorieux qui fit les manchettes partout au pays.

Toujours modeste, Joe déclara qu'il était étonné de sa bonne étoile. Il avait toujours dit que l'on pouvait accomplir de grandes choses à force de travail.

Plus tard, Joe DiMaggio fut intronisé au Temple de la renommée du baseball. Au cours de sa carrière, Joe frappa 361 coups de circuit et produisit plus de 1 500 points.

- UNE VISITE SURPRISE -

Après qu'Émilie eut dit à Freddie à quel point son frère raffolait de Joe DiMaggio, Freddie et elle envoyèrent à Roméo son premier gant de baseball. Roméo était aux anges. Le gant était en vrai cuir. Ensuite, Émilie et Freddie annoncèrent une autre surprise à Roméo. Ils lui envoyaient un billet d'autobus pour New York afin de lui permettre de voir Joe DiMaggio jouer au baseball.

Roméo n'en revenait pas !

Le voyage était prévu pour les vacances scolaires, en juillet. Roméo rendrait visite à Émilie et Freddie près de Boston, puis il irait à New York. S'il réussissait à se rendre au Yankee Stadium, il aurait peut-être la chance de voir son héros.

Roméo n'avait jamais pensé qu'un adolescent de seize ans originaire d'un petit village du Nouveau-Brunswick pourrait faire un tel voyage. Il fallait d'abord effectuer un trajet de huit heures en autobus par le Maine et le Vermont avant d'arriver à l'appartement où vivaient Émilie et Freddie. Émilie eut l'occasion de gâter son petit frère pendant quelques jours. Elle l'amena dans la plus grande confiserie que Roméo ait jamais vue, où les étalages étaient remplis de tous les bonbons imaginables.

Deux jours plus tard, Émilie le mit à bord d'un autre autobus en partance pour New York. Regardant par la fenêtre, Roméo était fasciné par la taille des grosses fermes dans les campagnes verdoyantes du Connecticut. Enfin, dans les banlieues de New York, l'autobus défila devant des édifices élevés avant de s'arrêter à l'imposante gare centrale.

L'un des prêtres de Saint-Joseph avait fait des arrangements pour que Roméo puisse loger dans un séminaire à New York. Cependant, lorsqu'il arriva au séminaire, il n'y avait pas de chambre pour lui. Un prêtre l'emmena dans un appartement en sous-sol non loin de là. Seul dans une chambre complètement sombre, dans la plus grande ville du monde, Roméo eut la peur de sa vie. Il garda la lumière allumée et refusa de dormir.

Sous la lumière du matin, New York n'était pas aussi menaçante, mais Roméo devait trouver comment se rendre au Yankee Stadium. Il s'informa auprès d'un étranger et apprit quel autobus urbain l'y conduirait. Roméo finit par trouver le grand stade, où il se procura un billet pour un siège situé très haut dans les gradins. Avec sa casquette de baseball sur la tête, pigeant dans une boîte de Crackerjacks qu'il acheta pour cinq sous, le jeune amateur regarda son idole Joe DiMaggio prendre son bâton préféré et marcher en direction du marbre. La séquence record de matchs avec au moins un coup sûr s'était terminée deux ans plus tôt, mais Joe DiMaggio jouait encore brillamment, et Roméo vit son idole permettre à son équipe de gagner la partie. Roméo prit toute une pellicule de photos à l'aide d'une caméra Brownie qu'il avait empruntée, et même une photo du marbre. Elle était floue et loin de l'objectif, mais le souvenir de son idole debout devant le marbre resta à jamais clairement gravé dans sa mémoire.

- OBTENTION DU DIPLÔME D'ÉTUDES SECONDAIRES ET UNE AUTRE SURPRISE -

De retour au Collège Saint-Joseph, beaucoup de travail attendait Roméo pendant sa dernière année. Roméo termina ses études secondaires à l'âge de dix-sept ans et arriva presque en tête de son groupe, se classant second en anglais et en calligraphie et, ô surprise, premier en français. Il obtint de moins bons résultats en mathématiques.

La cérémonie de remise des diplômes eut lieu dans l'auditorium et les garçons s'alignèrent pour recevoir une poignée de main et leur certificat. Roméo déploya son diplôme devant sa famille toute fière : ce n'était qu'une feuille blanche !

Il restait la question de ses frais d'études impayés... Émilie et Alice avaient fait leur possible, mais elles n'avaient pas réussi à effectuer le dernier versement.

Roméo étudiant au collège

CHAPITRE 5
EN MARCHE VERS L'UNIVERSITÉ

Roméo avait été tellement un bon élève que ses professeurs de Saint-Joseph l'encouragèrent à poursuivre ses études en vue d'un baccalauréat ès arts. C'était précisément ce que Roméo souhaitait, mais il y avait le petit obstacle des frais impayés. L'obtention du diplôme d'études secondaires ne devint officielle qu'une fois qu'Émilie et Alice eurent effectué le versement final.

Le collège offrit une modeste assistance financière pour aider Roméo à s'inscrire au baccalauréat, et ses sœurs continuèrent d'envoyer de l'argent pris sur leurs modestes salaires, mais le père de Roméo allait devoir contribuer aux dépenses lui aussi. Par chance, Philéas avait fini par admettre que son fils n'était pas du tout fait pour le travail agricole. En guise de contribution au paiement des frais d'études, il envoya des œufs et des légumes du jardin au collège.

Roméo fit sa propre contribution en acceptant trois emplois différents au collège. Il était chargé de répondre au téléphone, de travailler à la bibliothèque et d'aider à servir les repas aux prêtres assis aux longues tables du réfectoire. Avec tous ces emplois et ses cours universitaires, Roméo n'avait plus le temps de retourner à la ferme durant les fins de semaine.

Les étudiants universitaires étaient originaires de partout au Nouveau-Brunswick ainsi que du Québec et des États-Unis. Ils dormaient dans un grand dortoir, où une cloche les réveillait tous les matins à 6 h 30 pour la messe, suivie du petit déjeuner. Les garçons étaient dans leurs classes dès 8 h 15 pour entreprendre un lourd programme d'études. Ils étudiaient le latin, le grec, la religion, les mathématiques, l'histoire, l'économie, la philosophie et les sciences, ainsi que les littératures et les langues françaises et anglaises.

Les étudiants lisaient les œuvres de Shakespeare, Dickens et Molière. Ils rédigeaient des dissertations hebdomadaires et participaient à des débats en anglais aussi bien qu'en français. Ils écoutaient de la musique classique et jouaient dans des pièces de théâtre. Roméo aimait tout cela, mais il devenait plus difficile de trouver du temps pour jouer au baseball.

Le monde s'ouvrait pour Roméo et c'était stimulant. En 1945, au cours de sa dernière année universitaire, la Seconde Guerre mondiale prit fin. Les étudiants lancèrent leurs casquettes en l'air et se joignirent aux villageois qui descendaient dans les rues pour célébrer. La victoire avait été difficile; plus de dix-sept millions de soldats alliés étaient morts. Parmi eux, on comptait neuf jeunes hommes de Memramcook.

Partout dans le monde, comme aussi au collège, on débattait de l'avenir de l'Europe, mais le collège n'était abonné qu'à un seul exemplaire du journal de langue française *Le Devoir*. Chaque matin, le journal était ouvert et affiché sur le babillard et les étudiants s'entassaient pour lire les pages un et deux. Dans l'après-midi, on affichait les pages trois et quatre. Roméo et ses amis avaient des débats houleux au sujet des affaires mondiales. À cette époque, Roméo était loin de se douter que le journalisme deviendrait sa première carrière.

Durant les longs congés, Roméo restait à la ferme. Son père et Léonard s'y trouvaient, ainsi qu'Antoine et Mélindé, qui désormais avaient deux enfants. Valéda vivait ailleurs avec sa famille, et Alice et Émilie travaillaient toujours aux États-Unis. Roméo essayait d'aider Léonard et Antoine avec les travaux agricoles, mais ses frères savaient tous deux qu'il préférait lire ses manuels de cours au lieu de traire les vaches et de couper du bois. Lorsqu'il regardait autour de la table, Roméo ne pouvait s'empêcher de comparer ses mains propres avec les mains rudes et maculées de terre de ses vaillants frères. Sa vie dans les livres et les papiers était bien différente du travail de la terre dans la ferme. En un sens, il avait laissé tomber ses frères et son père en abandonnant la ferme pour l'université.

Mélindé s'affairait à cuisiner pour tout le monde et, pour que Roméo se sente utile, elle suggéra qu'il l'aide dans la cuisine. Pour qu'il accepte, elle lui promit de faire ses brownies au chocolat préférés, qu'il pourrait emporter au collège. La récompense le convainquit. Roméo pelait les patates et lavait la vaisselle en échange des délicieux brownies de Mélindé. La seule ombre au tableau, c'était qu'il allait devoir les partager avec les autres élèves dès son retour au dortoir!

Au cours des deux dernières années du baccalauréat, Roméo fut rédacteur en chef du journal étudiant *Liaisons*, pour lequel il écrivait des éditoriaux passionnés encourageant les Acadiens à se rappeler leur histoire et à respecter leur culture. Il félicitait les Pères de Sainte-Croix du Collège de Saint-Joseph pour les efforts qu'ils déployaient en éducation afin de préparer les jeunes Acadiens à jouer un rôle actif dans la société canadienne.

À cette époque, Alice tomba amoureuse d'un Américain qui, lui aussi, avait des racines acadiennes. Il s'appelait Ovila Breau. Elle demanda à Léonard de la donner en mariage et à Roméo d'être garçon d'honneur. Roméo fut pris de panique parce qu'il n'avait pas de souliers noirs pour la cérémonie et que l'argent manquait pour en acheter une paire. L'un des prêtres de Saint-Joseph vint à sa rescousse en lui prêtant une paire de ses propres chaussures. Roméo avait fière allure lors de la cérémonie où Alice, sa complice dans tant de mauvais tours à la ferme, se maria.

Après plusieurs autres mois d'études intenses, Roméo obtint son diplôme de baccalauréat ès arts avec distinction. Il était parmi les premiers dans presque tous les sujets et, à sa surprise, on lui attribua le prix de l'étudiant qui avait le plus travaillé à l'avancement de la langue française. Elle était loin, l'époque où il avait commis trente-deux erreurs de syntaxe et de grammaire !

Roméo fut flatté que ses condisciples l'aient choisi pour prononcer le discours des finissants. Il avait prévu livrer le discours en français et travailla toute la nuit pour le rédiger. Privé de sommeil et sans avoir déjeuné, il se présenta le matin à la cérémonie de collation des grades, où était rassemblée une grande foule. Roméo se sentait un peu étourdi en arrivant devant le lutrin et, avant qu'il ait pu commencer à parler, il s'écroula par terre, sans connaissance. Il recouvra rapidement ses esprits et, surmontant son embarras, il s'empressa de se relever. Il fallait qu'il livre le discours, ce qu'il fit.

La famille de Roméo, qui avait fait tant de sacrifices pour lui, se massa fièrement autour de lui pour le féliciter. C'était le mois de juin 1948 et Roméo avait vingt ans. Son avenir le mènerait très loin de la paisible vallée de Memramcook.

Roméo lors de la collation des grades

CHAPITRE 6
DANS LE VASTE MONDE

Habillé d'un costume acheté trente-six dollars chez Eaton, Roméo prit le train quelques semaines après avoir obtenu son diplôme. Il était en route pour Montréal, au Québec, une province qui se trouvait plus près du centre du pays et où les gens parlaient aussi français. Il avait un emploi comme rédacteur d'un journal étudiant, *La vie étudiante*. Le salaire était modeste, mais Roméo était heureux de faire ses premières armes comme journaliste.

Un coup de téléphone au milieu de son année à Montréal changea l'avenir de Roméo. Son frère Léonard avait subi un terrible accident d'automobile. C'était en février; la température était glaciale et les routes, glacées. Léonard était en train de sortir des chaînes du coffre de sa voiture pour les enrouler autour des pneus quand une voiture surgit derrière lui, dérapa et l'écrasa contre l'arrière de sa voiture.

Léonard fut transporté en ambulance à l'hôpital, où l'on constata qu'il avait les jambes cassées et l'os du bassin broyé. Il avait été si grièvement blessé que même après des semaines de réadaptation il ne pourrait plus jamais faire de gros travaux sur la ferme.

Roméo s'inquiétait pour Léonard et regrettait la distance qui les séparait. Les frais médicaux étaient énormes et il avait fallu embaucher un homme pour exécuter les tâches accomplies par Léonard dans la ferme. Roméo devait faire quelque chose pour lui venir en aide, mais il savait qu'il n'irait pas travailler à la ferme. Il se dit qu'il lui fallait rentrer au Nouveau-Brunswick et trouver un emploi plus rémunérateur que celui qu'il avait à Montréal.

En s'informant, Roméo constata que les instituteurs gagnaient de bons salaires, assez pour qu'il puisse aider sa famille. Il décida donc de retourner au collège dans le but de devenir instituteur.

Un an plus tard, Roméo obtenait son diplôme d'instituteur dans une localité du nord de la province. Il gagnait la grosse somme de 2 150 $ par année, ce qui lui permettait d'envoyer une partie de son salaire à sa famille pour l'aider à payer les frais.

C'est à cette époque que Roméo découvrit son amour pour l'enseignement. Il était populaire auprès de ses élèves, à qui il enseignait l'histoire et le français. On lui avait aussi confié le cours de chimie, mais il avait malheureusement causé une explosion lors d'une démonstration, un incident dont ses anciens élèves ont parlé durant des années !

Roméo croyait qu'il était inacceptable que toutes les matières du niveau secondaire soient enseignées en anglais seulement alors que la presque totalité des élèves était de langue française. Il collabora avec les autres enseignants en vue de modifier le système afin que les élèves de langue française puissent étudier et écrire leurs examens en français.

Roméo était habile à communiquer : avec ses lecteurs lorsqu'il écrivait dans les journaux et avec ses élèves lorsqu'il enseignait. Il décida de faire un film pour faire découvrir les digues et les aboiteaux de son enfance à l'Anse-des-Cormier aux gens des autres régions du Canada.

Roméo écrivit le texte et Roger Blais
réalisa le film intitulé *Les aboiteaux*,
produit par l'Office national du film en 1955.

Chaque fois qu'il le pouvait, Roméo retournait à la ferme et à la bonne cuisine familiale de Mélindé. Antoine et Mélindé avaient maintenant quatre enfants. Léonard ne pouvait exécuter de tâches trop lourdes. La douleur constante le rendait parfois grincheux. Alors, Roméo prêtait main-forte autant qu'il le pouvait.

Ce fut un jour heureux lorsque Roméo apprit que le gouvernement canadien lui accordait une bourse d'études. La bourse France-Acadie couvrait les frais d'une année complète d'études à Paris.

Paris ! Le centre de l'Europe et du pays d'où ses ancêtres étaient partis au 17e siècle pour venir s'établir au Canada.

- ÉTUDES EN EUROPE -

À vingt-six ans, Roméo était un jeune homme originaire d'un petit village acadien qui se préparait à aller étudier en France. C'était pour lui incroyablement excitant de penser qu'il allait vivre au cœur de Paris et fréquenter la célèbre université de la Sorbonne. Roméo s'embarqua à Québec à bord du RMS *Franconia*.

Il y avait de nombreux jeunes gens à bord et l'on dansait et faisait la fête tous les soirs. Un soir, une fille invita Roméo ainsi que d'autres jeunes passagers à sa cabine, où Roméo commit l'erreur d'ouvrir le hublot, permettant à l'eau salée d'éclabousser à l'intérieur. Il se sentit terriblement stupide et il ne fut plus invité à visiter une cabine par la suite.

Arrivé à Paris, Roméo s'installa dans la résidence universitaire La Maison canadienne. Il avait décidé d'étudier les techniques de l'enseignement de la langue française et il entreprit des études doctorales.

Vivre à Paris était stimulant. Roméo fréquentait les petits bistrots de la rive gauche et apprit vite à aimer les baguettes, le vin et le peuple français. De nouveaux romans français étaient publiés et, en soirée, il y avait de la musique, des films et du théâtre.

C'était la tradition dans les grandes familles en France d'inviter des étudiants étrangers au repas de Noël. Roméo avait été invité à dîner dans une famille où l'on servit du délicieux poulet et, songeant à ses deux colocataires affamés, il glissa deux cuisses de poulet dans une poche de son veston. Malheureusement, on s'en aperçut et il fut chassé de la maison. De retour à son logis, il sortit les cuisses gluantes de sa poche et les donna à ses compagnons. Ils étaient suffisamment affamés pour lui être reconnaissants de ce cadeau salissant!

Chaque fois qu'il en avait l'occasion, Roméo parcourait l'Europe en train. Il vit des ruines anciennes en Grèce, des villages de pêcheurs au Portugal et le pape s'adresser à des foules à Rome. Il tomba amoureux de Londres.

Le professeur de Roméo était enchanté de son travail. Il le recommanda pour une autre bourse. Bientôt, Roméo apprit que la Société royale du Canada lui avait accordé une bourse pour une deuxième année d'études à Paris.

Roméo travaillait à sa thèse doctorale au printemps de sa deuxième année en France lorsqu'il reçut de tristes nouvelles. Antoine, son frère aîné, avait une tumeur au cerveau. Il mourut quelques mois plus tard à l'âge de trente-neuf ans.

À regret, Roméo comprit qu'il devait quitter Paris et abandonner son projet de doctorat. On avait besoin de lui au Canada.

- INSTITUTEUR DE NOUVEAU -

La femme d'Antoine, Mélindé, et leurs six enfants habitaient à la ferme des LeBlanc avec Philéas et Léonard. Il y avait de nombreux frais médicaux à régler pour les traitements qu'Antoine avait reçus avant son décès. Il fallait aussi de l'argent pour payer un autre engagé qui devait prendre la relève du vaillant Antoine.

Roméo décida qu'il pourrait gagner un bon salaire en faisant ce pour quoi il avait été formé. Il fit une demande d'emploi à l'École normale du Nouveau-Brunswick, un collège de formation des enseignants situé à Fredericton, à deux cents kilomètres de Memramcook.

Roméo était grand, avait belle allure et, une fois de plus, il devint un professeur très populaire. Il apprenait à ses élèves comment enseigner la langue et la littérature françaises. Il gagnait un bon salaire de 3 900 $ par année.

L'un des premiers devoirs qu'il donna à ses élèves fut d'écrire une dissertation portant sur leur expérience de l'école élémentaire. Il voulait qu'ils se rendent compte de l'importance de leur introduction à l'éducation, sans doute parce qu'il se rappelait mademoiselle Blanchet et ses heureuses journées scolaires autour du gros poêle à charbon.

Un jour, une jeune fille timide de dix-sept ans, prénommée Germaine et originaire de Memramcook, vint à Fredericton suivre le cours de l'École normale, mais elle eut le mal du pays après sa première semaine

et informa Roméo qu'elle partait et ne reviendrait pas. Il lui proposa de retourner à Memramcook avec lui en fin de semaine. Germaine se rappelle que Roméo eut une conversation avec sa mère, que sa mère eut une conversation avec elle et que, le dimanche soir, Germaine se surprit elle-même à retourner à l'École normale avec Roméo. En rétrospective, elle fut toujours reconnaissante à Roméo d'avoir changé sa vie. Elle devint institutrice, puis elle fut une directrice d'école très appréciée durant trente-cinq ans!

En plein milieu de ses quatre années au collège, le Nouveau-Brunswick commémora le 200ᵉ anniversaire de la Déportation des Acadiens. Presque 40 % de la population du Nouveau-Brunswick était acadienne de langue française. Elle n'avait pas oublié le courage des anciens Acadiens lors de la Déportation.

Roméo était maintenant un jeune homme instruit qui avait beaucoup voyagé et qui était très fier de ses solides racines acadiennes. De nouvelles aventures fort différentes l'attendaient.

LA CULTURE ACADIENNE

Les Acadiens sont très fiers de leurs 400 ans d'histoire et chaque année ils honorent leur riche patrimoine par une manifestation populaire appelée le Tintamarre.

Depuis 1881, le 15 août est célébré comme le jour de la fête nationale de l'Acadie par des manifestations communautaires, des défilés et des activités musicales en plein air.

On dit des Acadiens qu'ils ont « des chansons dans les veines et de la musique au bout des doigts ». Des artistes comme Suzie LeBlanc et des groupes de chansonniers ont ravivé des chants traditionnels ; des chorales d'église et d'école sont reconnues pour l'excellence de leurs spectacles ; la nouvelle génération de chanteurs comme Lisa LeBlanc et Les Hay Babies s'est taillée une réputation internationale.

L'un des auteurs acadiens les plus célèbres est Antonine Maillet, qui a écrit entre autres un roman intitulé *Pélagie-la-Charrette* (le récit du retour d'une veuve après la Déportation) et une pièce de théâtre, *La Sagouine* (l'histoire attachante d'une femme de ménage acadienne pauvre mais intelligente).

Les Acadiens sont fiers de leur drapeau bleu, blanc et rouge orné d'une étoile dorée. Ce sont les couleurs de la France, que leurs ancêtres ont quittée pour traverser au Nouveau Monde. Les Acadiens et de nombreux touristes visitent le village de Memramcook, appelé « le berceau de la nouvelle Acadie », ainsi que le Village historique acadien de Bertrand, où les visiteurs sont accueillis par des gens vêtus de costumes traditionnels qui recréent le mode de vie d'autrefois. Les visiteurs peuvent y savourer des plats typiquement acadiens tels que le fricot au poulet et la poutine râpée.

Tout comme les touristes, de nombreux Acadiens font le pèlerinage à l'élégante statue d'Évangéline, à Grand-Pré, en Nouvelle-Écosse, d'où les Britanniques déportèrent les premiers Acadiens à bord de bateaux en 1755, les dépouillant de leur patrie.

Plusieurs Canadiens croient que les premiers colons français se sont d'abord établis au Québec, mais les Acadiens n'oublient pas que les premiers établissements français ont vu le jour dans les belles vallées bordant les côtes des Maritimes.

CHAPITRE 7
DE NOUVEAUX HORIZONS DANS LE MONDE POLITIQUE

Roméo se dit qu'il aimerait s'essayer au journalisme, qui l'avait intéressé depuis ses études universitaires. Il se souvenait du babillard à Saint-Joseph lorsque les étudiants se pressaient autour des pages un et deux du *Devoir* affichées le matin, et des pages trois et quatre dans l'après-midi.

Roméo posa sa candidature comme journaliste politique à Radio-Canada, la contrepartie française de la CBC. Il obtient le poste et déménagea à Londres, en Angleterre. Le fait de vivre à Londres et de transmettre les dernières nouvelles au Canada lui donnait la sensation d'être au centre du monde. Un jour, en faisant sa lessive dans une laverie, Roméo se lia d'amitié avec Lyn Carter, une jeune Canadienne qui travaillait elle aussi à Londres.

Après deux années à Londres, Roméo fut muté à Washington, D.C., d'où il traitait de questions américaines difficiles, y compris la guerre au Vietnam. Au cours de cette période, Roméo retrouva Lyn et ils se marièrent. Une nouvelle vie commençait pour Roméo : homme de famille désormais, et qui allait bientôt changer la direction de sa carrière.

- DANS LA VIE POLITIQUE -

Jusqu'à ce moment dans sa vie d'adulte, Roméo avait toujours été un observateur qui commentait ce qu'il voyait, mais il n'avait jamais pris part à la vie politique. En 1967, on lui offrit le poste d'attaché de presse du premier ministre Lester Pearson, ce qui le plaçait au centre de la vie politique d'Ottawa.

Roméo était un grand admirateur du premier ministre Pearson, chef du Parti libéral et Prix Nobel de la paix. En sa qualité d'attaché de presse, Roméo devint la personne qui expliquait au public ce qu'accomplissait le gouvernement libéral du premier ministre Pearson. Ces années furent particulièrement actives; le drapeau canadien fut choisi et le mouvement séparatiste prit de l'ampleur au Québec jusqu'à réclamer l'indépendance de la province. Roméo et le premier ministre partageaient une même passion pour le baseball. Ils s'échappaient souvent de leurs tâches à Ottawa pour assister à un match des Expos de Montréal.

Roméo devint père de famille deux ans plus tard avec la naissance de Dominic, le jour même où Lester Pearson démissionnait. Roméo aurait dû accompagner le premier ministre au moment de l'annonce de sa démission, mais il était à l'hôpital avec Lyn, tenant le nouveau bébé dans ses bras. Le journal *Montreal Star* rapporta que Lester Pearson avait cité Shakespeare à la blague, lui empruntant la célèbre phrase : « Où es-tu, Roméo ? »

Roméo répondit en déclarant : « Aujourd'hui, j'ai perdu un premier ministre, mais j'ai gagné un fils ! »

Pierre Trudeau devint chef du Parti libéral et premier ministre. Il vit que Roméo s'acquittait bien de sa tâche et lui demanda de rester en qualité d'attaché de presse. Trudeau remporta une majorité lors de l'élection suivante et Roméo fut à ses côtés durant deux années palpitantes.

À la fin de cette période, Roméo décida de quitter Ottawa et de retourner vivre dans les Maritimes. Il acheta un ancien couvent réaménagé comprenant une chapelle et situé à Grande-Digue, au bord du détroit de Northumberland, à proximité du golfe du Saint-Laurent. La maison de campagne lui permit d'échapper à l'animation du monde politique.

Mais, une fois de plus, Roméo serait appelé à relever à un nouveau défi qui allait donner une tournure inattendue à sa vie.

- UN SAUT AU PARLEMENT -

Roméo ne fut pas éloigné d'Ottawa longtemps. Des amis à Ottawa et au Nouveau-Brunswick l'encourageaient sans cesse à poser sa candidature comme député fédéral. Il y réfléchit durant des semaines, puis se décida à se porter candidat libéral dans la circonscription de Westmorland-Kent, qui deviendrait plus tard Beauséjour, sur la côte est de la province.

Roméo était un type de candidat rafraîchissant. Durant la campagne, il insistait pour porter lui-même sa valise et au lieu de prendre la parole lors de grands rassemblements partisans, il organisait ce qu'il appelait des « réunions de cuisine », rencontrant les gens dans leurs propres maisons. Beaucoup de gens dans sa circonscription gagnaient leur vie comme pêcheurs, et Roméo écoutait toujours leurs préoccupations avec attention.

Tout le monde dans la communauté aimait Roméo, de sorte qu'en 1972 il fut élu avec une forte majorité. Il prit le chemin d'Ottawa, cette fois en qualité de député à la Chambre des communes. Pendant quatre ans, Roméo fut occupé par les sessions parlementaires, les réunions de comités et les déplacements fréquents au Nouveau-Brunswick. Au cours de ces années, Roméo et Lyn eurent une fille prénommée Geneviève.

Alors qu'il habitait Ottawa, Roméo était heureux d'avoir une vieille amie comme voisine. Laurianne, sa camarade de classe à l'école élémentaire, avait épousé un soldat de l'armée de l'air et ils habitaient Ottawa. Un jour, Laurianne décida de cuisiner des poutines à trou, le mets favori de Roméo lorsqu'il était enfant, et elle invita Roméo à dîner. La succulente pâtisserie et la conversation autour du bon vieux temps à l'Anse-des-Cormier marquèrent une pause bienvenue dans leurs vies actives.

En 1976, le premier ministre Trudeau reconnut les talents politiques de Roméo en lui confiant un poste ministériel, le nommant ministre des Pêches et des Océans. Les pêcheurs du Nouveau-Brunswick aimaient cet homme qu'ils avaient surnommé à la blague « The Codfather », un jeu de mots entre le nom de la morue en anglais, « cod », et le titre de parrain, « Godfather », que portent les chefs de la mafia. Ils savaient qu'ils pouvaient compter sur lui pour défendre leurs droits de pêche.

« Ne m'appelez pas le ministre des Poissons, déclara Roméo. Appelez-moi le ministre des Pêcheurs ! »

Roméo et ses enfants, Geneviève et Dominic

La principale réalisation de Roméo fut d'établir une zone de pêche exclusive de deux cents milles marins le long des côtes de l'Atlantique et du Pacifique et, plus tard, dans l'océan Arctique. Cette zone visait à protéger les stocks de poissons en empêchant les autres pays de pêcher en eaux canadiennes.

Cette période fut très mouvementée pour Roméo. Le gouvernement libéral fit adopter l'importante *Charte canadienne des droits et libertés* au cours de ces années. Roméo était souvent absent de la maison et il travaillait tard. Les exigences de la vie politique sont souvent une cause de tensions dans une famille, et le mariage de Roméo et Lyn prit fin à cette époque. Ils partagèrent la garde de Dominic, qui avait quatorze ans à l'époque, et de Geneviève, qui en avait neuf.

COMMENT LE GOUVERNEMENT DU CANADA FONCTIONNE

Dans notre démocratie parlementaire, les lois qui nous gouvernent sont décidées par la Chambre des communes, qui est composée de membres de partis politiques (ou d'indépendants) élus pour représenter le pays. Chaque citoyen âgé de plus de dix-huit ans peut voter lors d'élections qui ont lieu tous les quatre ans. Le candidat qui remporte le plus de votes dans une circonscription devient député fédéral et aura un siège à la Chambre des communes.

La Chambre des communes
Le parti qui remporte le plus de sièges forme le gouvernement. Le parti qui occupe le deuxième rang par le nombre de sièges forme l'opposition. La Chambre des communes se réunit durant l'année pour débattre et voter les projets de loi qui gouvernent le pays.

Les ministres, membres du Cabinet (jusqu'à 40) sont nommés par le premier ministre pour administrer plusieurs domaines nationaux comme l'environnement, les finances, l'immigration, les pêches et les affaires étrangères.

Le premier ministre est choisi par le parti qui a le plus de sièges.

Le Sénat peut comprendre jusqu'à 105 membres. Les membres et le président ne sont pas élus, mais désignés par le premier ministre et ses conseillers. Leur rôle est d'étudier et de discuter les projets de loi adoptés par la Chambre des communes. S'ils les approuvent, les nouvelles lois sont transmises au gouverneur général pour autorisation finale.

Le gouverneur général donne la sanction royale aux lois adoptées par le Parlement en sa qualité de représentant de la reine.

Population du Canada
36 millions

/

Circonscriptions électorales
338

/

Partis politiques :
Libéral
Conservateur
Nouveau Parti Démocratique
Parti Vert
Bloc québécois

- L'ASCENSION VERS LE SOMMET -

Le premier ministre avait un grand respect pour Roméo, lequel avait une réputation d'impartialité, d'honnêteté et de travailleur acharné. Ce fut une surprise et un honneur pour lui, à l'âge de cinquante-sept ans, d'être nommé à la Chambre haute du Parlement, appelée le Sénat.

Roméo se plongea dans son nouveau travail, étudiant la demande du Québec d'être reconnu comme société distincte et, surtout, accueillant les réfugiés qui débarquaient des bateaux sur les côtes des provinces de l'Atlantique. Il vit à ce que les familles reçoivent nourriture, gîte et vêtements pour recommencer leur vie en tant que citoyens canadiens.

À cette époque, le Parti libéral avait un nouveau chef, Jean Chrétien. Il savait que Roméo était très estimé, qu'il était un homme d'écoute et un travailleur acharné. Le premier ministre le récompensa en le nommant président du Sénat. Sa fonction était de maintenir l'ordre durant les débats et de s'assurer que les projets de loi provenant de la Chambre des communes étaient débattus raisonnablement.

Au cours de sa présidence du Sénat, Roméo épousa Diana Fowler, une amie de longue date. Diana était auprès de Roméo lorsque le premier ministre Chrétien lui téléphona un soir pour lui offrir le poste le plus élevé au pays.

LE RÔLE DU GOUVERNEUR GÉNÉRAL DU CANADA

Le Canada est une démocratie parlementaire et une monarchie constitutionnelle. Cela signifie que le Canada est gouverné par un Parlement élu avec sa propre constitution. Cela veut aussi dire que Sa Majesté la reine Elizabeth II est reine du Royaume-Uni et du Canada et que le gouverneur général est son représentant officiel.

Lors de la Confédération canadienne le 1er juillet 1867, la reine Victoria choisit un Britannique, le vicomte Monck pour être le premier gouverneur général du Canada. En 1952, le premier ministre recommanda le populaire Vincent Massey, premier citoyen canadien, pour le poste.

Il est important de se rappeler que c'est une fonction à laquelle on est nommé, mais non élu. La durée du mandat est normalement de cinq ans, mais il peut être écourté ou prolongé. Il y a une tradition d'alternance entre francophones et anglophones. La plupart des titulaires ont été des hommes, mais plusieurs femmes ont occupé le poste: Jeanne Sauvé, Adrienne Clarkson, Michaëlle Jean, et l'actuelle gouverneure générale, Son Excellence la très honorable Julie Payette.

Le gouverneur général reçoit un salaire annuel et occupe des résidences à Rideau Hall à Ottawa et à La Citadelle dans la ville de Québec.

Le gouverneur général joue un rôle important après une élection lorsqu'il demande à un chef politique qui a la confiance du Parlement de former un gouvernement. Il préside à l'assermentation du premier ministre, du juge en chef du Canada et des membres du cabinet. Lors de l'ouverture du Parlement, le gouverneur général lit le discours du Trône qui donne les grandes lignes du programme du gouvernement. Il a le droit « d'être consulté, d'encourager et de conseiller » le gouvernement en place. Une loi adoptée par la Chambre des communes et le Sénat ne devient officielle que lorsqu'elle reçoit la sanction royale grâce à sa signature.

Le gouverneur général est l'hôte officiel de la reine et des chefs d'État en visite au Canada. Il voyage partout dans le monde pour représenter le Canada.

Finalement, il préside les cérémonies de l'Ordre du Canada, la distinction honorifique la plus prestigieuse qui reconnaît les actions les plus méritoires au Canada, ainsi que les remises de prix des arts visuels et littéraires. Les Prix littéraires du Gouverneur général comprennent des catégories pour la littérature de jeunesse et pour les albums illustrés, sans oublier des catégories pour les œuvres de fiction, les essais, la poésie, le théâtre et la traduction, en français et en anglais.

CHAPITRE 8
LE GOUVERNEUR GÉNÉRAL DU CANADA

Au cours de cette conversation téléphonique, le premier ministre Jean Chrétien demanda à Roméo s'il voulait accepter le poste de gouverneur général du Canada.

Cette invitation était une surprise complète pour Roméo. Il estimait qu'il n'était qu'une personne ordinaire, née dans une communauté acadienne du Nouveau-Brunswick située très loin d'Ottawa. Pourquoi lui demandait-on *à lui* d'être le représentant de la reine au Canada ? Il s'agissait du plus grand honneur au pays ! De plus, jamais un Acadien n'avait été gouverneur général auparavant.

Lorsque Roméo exprima ses doutes, le premier ministre Chrétien lui assura qu'il était la personne tout indiquée pour occuper le poste. Roméo avait les qualités et l'expérience qui faisaient de lui le candidat idéal. Roméo savait qu'il avait l'expérience du monde politique, mais il envisageait avec plaisir une retraite dans sa maison de campagne, à Grande-Digue. Il discuta avec Diana du grand changement qui allait survenir. Ce serait effectivement un grand changement, auquel il ne s'attendait pas, mais c'était aussi un honneur. Il décida d'accepter.

Trois mois plus tard Roméo, accompagné de Diana, se rendait en Angleterre pour être officiellement nommé par la reine Elizabeth II comme représentant de la Reine au Canada. Ils furent invités à passer la nuit au manoir de Sandringham avec la famille royale. Le dîner ce soir-là rassemblait autour de la grande table la reine, le prince Philip, le prince Charles, la princesse Anne et la reine mère. Toujours à l'aise en toutes circonstances, Roméo bavarda avec les hôtes royaux et il s'entendit à merveille avec la reine mère. Les fringants corgis gallois de la reine leur tenaient compagnie sous la table.

Quand les serveurs apportèrent la première entrée, Roméo vit une rangée de pois verts sur une feuille d'endive. Ce fut le moment que la reine choisit pour annoncer fièrement que les pois provenaient des serres du manoir. Diana regarda Roméo du coin de l'œil. Elle savait que Roméo, depuis sa tendre enfance, ne pouvait tolérer les pois verts. Mais bon, ils dînaient avec la reine d'Angleterre. Roméo mangea ses petits pois!

Bien après minuit, la reine remit à Roméo et Diana l'insigne de Compagnon de l'Ordre du Canada. Roméo était maintenant fin prêt à assumer ses responsabilités de représentant de la Reine au Canada. Un geste très simple, mais de nombreux nouveaux défis pour Roméo et Diana.

- UNE NOUVELLE RÉSIDENCE -

De retour à Ottawa, Roméo et Diana emménagèrent dans la demeure vice-royale appelée Rideau Hall, résidence officielle du gouverneur général.

Dès le début, le personnel sut que Roméo serait un gouverneur général différent. Quand on lui offrit un uniforme militaire en sa qualité de commandant en chef des Forces armées du Canada, Roméo refusa de le porter. Il dit qu'il n'avait pris part à aucune guerre et que, par conséquent, il n'avait pas le droit de porter un uniforme ou des médailles militaires.

La cérémonie d'installation de Roméo eut lieu le 8 février 1995. Le père de Roméo étant décédé, ce fut son frère Léonard et son neveu Charles qui se rendirent à Ottawa pour l'événement. À l'âge de soixante-huit ans, Roméo, appelé Son Excellence le très honorable Roméo Adrien LeBlanc, devint le 25e gouverneur général du Canada, le premier originaire des provinces de l'Atlantique et le premier Acadien à exercer cette fonction.

« Je ne crois pas que je puisse appeler mon petit frère Son Excellence », dit Léonard, mais Léonard était aussi fier que n'importe qui du garçon qui avait eu si peur du bœuf dans la ferme familiale.

Dans son discours d'installation, Roméo évoqua sa communauté acadienne, où les gens étaient catholiques et de langue française. « À côté, il y avait un autre monde, un autre village, dit-il. Mon monde à moi était français et catholique. Le monde d'à côté était anglais et protestant. [...] Chacun dans nos villages, nous menions des vies séparées dans des mondes différents, sauf quand le feu détruisait une grange. Alors des familles comme les Cormier et les Taylor travaillaient côte à côte pour en bâtir une neuve. [...] Ensuite il y a eu une guerre [...] [et] nous y sommes morts ensemble. Pas comme anglophones ou francophones [...] mais comme Canadiens », déclara fièrement Roméo à l'auditoire rassemblé pour la cérémonie.

LA COUPE STANLEY

Lord Frederick Arthur Stanley fut gouverneur général de 1888 à 1893. Durant l'hiver, ses garçons et sa fille aimaient jouer à un jeu populaire sur glace appelé hockey ou « shinny ».

Depuis de nombreuses années, les membres des Premières Nations mi'kmaq de la Nouvelle-Écosse se livraient à divers jeux de balle avec des bâtons. Par la suite, des soldats britanniques utilisèrent à leur tour ces jeux de balle et de bâton, qu'ils adaptèrent pour être joués sur la glace.

La fille de lord Stanley, Isobel, fut l'une des premières femmes à jouer au hockey. En 1892, lord Stanley voulut reconnaître officiellement le jeu en créant un prix à son intention. Il fit don d'un bol en argent en guise de trophée. Jusqu'à nos jours, nous connaissons tous ce prix sous le nom de Coupe Stanley, qui est décernée à la meilleure équipe professionnelle de hockey en Amérique du Nord.

- UN HOMME DU PEUPLE -

La première visite officielle que Roméo effectua fut au Nouveau-Brunswick et plus particulièrement au lieu même où il avait grandi et où habitaient encore plusieurs membres de sa famille. Ce fut un événement d'envergure pour les petites localités de l'Anse-des-Cormier et de Memramcook. On peignit les maisons et on aménagea les cours afin d'accueillir leur gamin acadien devenu grand. Roméo fut touché en constatant combien les gens étaient fiers qu'un des leurs soit le gouverneur général du Canada.

En février 1996, Roméo inaugura la session parlementaire. Roméo, avec Diana à ses côtés, prit place devant les sénateurs et les députés réunis pour le discours du Trône du gouvernement.

Roméo lisant le discours du Trône avec Diana à ses côtés

Roméo commença à faire des changements. Il croyait fermement que les citoyens de partout au Canada devaient connaître le rôle du gouverneur général et être accueillis chaleureusement à Rideau Hall. Après tout, la résidence officielle du gouverneur général appartient au peuple canadien, disait-il.

Roméo fit donc convertir un ancien bâtiment sur les terrains de Rideau Hall en un centre d'accueil des visiteurs et il ajouta aux visites guidées la salle à dîner d'État, le salon, son bureau personnel, les serres et les jardins privés de la résidence. Des activités pour enfants furent offertes dans une tente dressée à côté d'un terrain de jeux.

Rideau Hall accueillit des activités de descente en luge et de patinage tous les hivers, des récitals l'été et des fêtes de Noël pour les enfants, même un pique-nique avec des ours en peluche sur les terrains. Grâce à l'attitude accueillante de Roméo et de Diana, les visiteurs augmentèrent par milliers chaque année.

Ce fut une période très animée et bien remplie. La reine et les membres de la famille royale lui rendirent visite à trois reprises et, cette fois encore, Roméo fit les choses à sa manière. Il n'avait jamais aimé les longues tables solennelles. Par conséquent, il demanda à son personnel de n'employer que des tables rondes afin que les convives puissent facilement se parler les uns les autres. La reine eut l'heureuse surprise de voir un barbecue extérieur avec buffet où les invités pouvaient se servir eux-mêmes.

Roméo avec Nelson Mandela et le premier ministre Jean Chrétien, 1998

Les LeBlanc accueillirent le président des États-Unis, Bill Clinton, le roi Hussein de Jordanie et le président Nelson Mandela d'Afrique du Sud. Ils effectuèrent également des voyages officiels un peu partout dans le monde. En Afrique et en Inde, Roméo et Diana distribuèrent des livres pour enfants ainsi que des outils agricoles gracieusement offerts par les Canadiens.

Diana accompagnait Roméo dans ses déplacements au Canada, visitant les grands centres, des villes agricoles et des villages isolés. Roméo et Diana demandaient à passer du temps avec les enfants dans les écoles et les hôpitaux chaque fois qu'ils le pouvaient.

Durant son mandat comme gouverneur général, Roméo prononça plus de 800 discours. Il évoqua les peuples des Premières Nations et la nécessité de respecter leurs droits égaux ainsi que leurs différences. Il proclama le 21 juin Journée nationale des Autochtones en déclarant : « Beaucoup de villes canadiennes ont moins de cent ans. Or, la présence autochtone sur ce territoire remonte à plus de cent siècles. »

Il fit déplacer un mât totémique sculpté par Mungo Martin, de la nation kwakiutl, pour l'installer à l'avant du domaine de Rideau Hall, et il dévoila un inukshuk lors de la deuxième Journée nationale des Autochtones, en 1997.

PRIX DU GOUVERNEUR GÉNÉRAL POUR L'ENTRAIDE

En 2015, le Prix du Gouverneur général pour l'entraide établi par Roméo LeBlanc est transformé, avec l'approbation de la Reine, en une distinction honorifique appelée la Médaille du Souverain pour les bénévoles.

En créant cette récompense en 1995, Roméo LeBlanc souhaitait honorer les milliers de bénévoles qui ont enrichi la vie de tous les Canadiens sans demander rien en retour.

Dans ses propres mots : « Reconnaissons les parents qui, tous les jours, soignent leurs enfants qui ont un handicap de développement... Reconnaissons les enfants qui prennent soin de parents atteints par une maladie implacable comme la maladie d'Alzheimer... [et] les monoparentaux qui relèvent de grands défis économiques et sociaux pour élever des enfants qui réussiront leur vie adulte... ».

Tout Canadien peut soumettre les noms de bénévoles à un comité consultatif responsable de la sélection finale. Les présentations de la Médaille pour les bénévoles ont lieu lors de cérémonies de distinctions honorifiques partout au Canada.

Dans un discours prononcé à l'occasion de la fête du Canada le 1er juillet 1998 sur la Colline du Parlement, Roméo décrivit le Canada comme étant un pays fier d'être multiculturel. Il fit référence aux immigrants et aux réfugiés, qui ont toujours été les bienvenus au Canada, « qui sont arrivés les mains vides mais le cœur rempli d'espoir et qui, par leur travail et leurs efforts, ont prospéré dans leur pays d'adoption ».

En 1999, Son Excellence signait la proclamation de la création du nouveau territoire canadien du Nunavut.

- RECONNAÎTRE LES GENS ORDINAIRES -

Roméo savait qu'en tant que gouverneur général il avait « le droit d'être consulté, le droit de mettre en garde et le droit d'encourager ». Pour lui, le plus important de ces droits était celui d'encourager.

Roméo croyait fermement qu'il devrait y avoir une distinction pour reconnaître le travail assidu et l'engagement des gens ordinaires. Depuis des années, le prestigieux Ordre du Canada était accordé pour honorer les réalisations exceptionnelles de Canadiens et de Canadiennes. Toutefois, Roméo savait que, chaque jour, des bénévoles et des proches aidants, hommes et femmes, apportaient une importante contribution dans leur communauté. Il décida de créer à leur intention une récompense appelée le Prix du Gouverneur général pour l'entraide.

L'un des premiers récipiendaires du prix fut une immigrante qui était mère de famille monoparentale et qui avait déjà huit enfants.

Lorsqu'elle apprit que trois enfants handicapés avaient besoin d'un foyer, elle les adopta en les intégrant à sa grande famille.

Au cours de son mandat comme gouverneur général, Roméo remit le Prix de l'entraide à près de cinq cents bénévoles et proches aidants lors de cérémonies tenues partout au Canada.

Roméo effectua aussi un autre changement. Il se rappelait les années où il avait été enseignant au niveau secondaire. Il savait à quel point il était difficile d'être un bon enseignant ou une bonne enseignante, et il disait souvent qu'enseigner l'histoire avait été le travail le plus important qu'il ait jamais accompli. Devenu gouverneur général et désirant motiver et récompenser les enseignants, il créa le Prix du Gouverneur général pour l'excellence en enseignement de l'histoire canadienne. Ce prix récompense les enseignants et les historiens qui utilisent des méthodes novatrices pour rendre l'histoire vivante. Parmi les premiers récipiendaires se trouvait une enseignante du Manitoba qui encourageait ses élèves à utiliser la musique et les jeux de rôles pour monter des pièces de théâtre portant sur des personnalités comme Louis Riel et Nellie McClung.

- ROMÉO N'OUBLIA JAMAIS SA FAMILLE -

Pendant toutes ces années d'intense activité, Roméo garda toujours le contact avec sa famille. Léonard disait : « Certaines personnes qui occupent un poste important négligent leur famille, mais pas Roméo. »

Roméo envoyait de l'argent pour défrayer les soins dentaires de ses neveux et nièces, pour l'achat de livres, de lunettes et pour des sorties. Il acheta une maison pour Léonard, qui ne se maria jamais, qui éprouvait encore des douleurs dues à son accident et qui devait se déplacer à l'aide d'une canne.

Roméo aimait se détendre autant qu'il le pouvait l'été à la maison de campagne de Grande-Digue. À un certain moment, il organisa une réunion de quatre-vingt-cinq membres de sa famille, qui représentaient quatre générations. Ce fut un joyeux pique-nique à la fortune du pot dans le jardin surplombant la mer.

Pendant son mandat à titre de gouverneur général, Roméo tâcha de s'échapper chaque printemps pour se rendre en Floride voir son équipe de baseball préférée, les Expos de Montréal, lors de leur entraînement printanier. Son chef de cabinet a affirmé que Roméo était réellement un fanatique du baseball. Il avait raison !

Un jour, lors d'une visite de l'ambassadeur des États-Unis à la Citadelle de Québec, résidence officielle du gouverneur général dans cette ville, le personnel crut que les deux hommes discutaient seuls en tête à tête d'importantes questions bilatérales. Il ne leur serait jamais venu à l'idée que l'ambassadeur et Roméo discutaient avec enthousiasme de leurs prédictions au sujet de l'équipe qui remporterait les séries éliminatoires !

Juste avant que Roméo ne prenne sa retraite, ses sœurs et leur famille visitèrent Rideau Hall. Les neuf membres présents de la famille rirent

Roméo assiste à une partie de baseball, 1996

de bon cœur en évoquant leur jeunesse tout en dégustant des mets acadiens que tous aimaient.

Au moment de se quitter, Roméo remarqua que sa sœur Alice semblait fatiguée. Malheureusement, Alice mourut d'une crise cardiaque sur le chemin du retour. Roméo fut bouleversé par le décès de cette sœur avec qui il s'était tant amusé. Prenant la parole aux funérailles, il évoqua les beaux jours de leur jeunesse à la ferme et raconta qu'Alice lui avait appris comment être exempté de travailler au jardin en arrachant les jeunes pousses de carottes plutôt que les mauvaises herbes. Léonard, furieux, avait promis de ne jamais plus les laisser seuls dans le jardin, ce qui était précisément ce qu'Alice et Roméo souhaitaient. Roméo avait ainsi la chance de s'éclipser avec un livre et de passer le reste de la journée à lire.

Après avoir été gouverneur général durant près de cinq ans, Roméo avait soixante-douze ans et il était fatigué. Il annonça qu'il quittait ses fonctions. Diana et lui prirent le train à Ottawa pour se rendre à leur maison de Grande-Digue. C'était touchant de voir la foule des gens venus leur faire leurs adieux à Ottawa et d'être accueillis par des foules encore plus grandes au Nouveau-Brunswick. Roméo avait pris la bonne décision.

Portrait officiel de Roméo LeBlanc à Rideau Hall, par Christan Nicholson

CHAPITRE 9
LA RETRAITE

Certaines personnes pensaient que Roméo et Diana continueraient d'habiter Ottawa après son mandat comme gouverneur général. Cependant, quiconque connaissait bien Roméo savait parfaitement qu'il retournerait à son vrai chez-soi, sa maison de Grande-Digue.

Il aimait cette côte située non loin de la baie de Fundy, où les marées inondaient les basses terres marécageuses près de la maison de son enfance. Il prit sa retraite non loin du Collège Saint-Joseph, où sa vie avait changé à tout jamais grâce à la générosité de sa sœur Émilie, celle qui lui avait permis d'acquérir une éducation.

Toutefois, Roméo devait accomplir une dernière tâche à Ottawa. Le personnel lui rappelait constamment qu'il devait y retourner pour faire peindre son portrait officiel. De grands portraits dans des encadrements dorés ornaient les murs de Rideau Hall, et un espace était réservé pour le portrait officiel de Roméo. Un artiste du Nouveau-Brunswick avait été choisi et Roméo devait retourner à Ottawa une fois de plus.

Dominic LeBlanc assermenté comme député en compagnie de son père, sa mère, sa soeur et du Greffier de la Chambre des communes, 2000

Roméo remettait toujours le voyage à plus tard, car il n'aimait pas l'idée de poser pour un portrait officiel. Finalement, une date fut arrêtée et Roméo fit sa valise à contrecœur et partit pour Ottawa en compagnie de Diana. Ils se rendirent à Rideau Hall rencontrer Christan Nicholson, l'artiste qui devait peindre le portrait. Lorsqu'ils s'installèrent pour la séance de pose, Diana se rendit compte que le veston de Roméo n'était pas assorti à son pantalon.

Personne ne savait que faire au sujet des vêtements dépareillés jusqu'à ce que l'artiste, qui portait des vêtements de travail décontractés, offre son chandail à Roméo. Roméo, qui de toute façon ne tenait pas à porter un costume, ne se fit pas prier.

C'est ainsi que le portrait officiel du 25e Gouverneur général montre un Roméo Adrien LeBlanc très détendu, les bras croisés, portant un chandail gris trop grand pour lui, prêté aimablement par un peintre portraitiste.

C'est un tableau qui révèle la nature humble de cet homme originaire d'un petit village acadien, un homme qui se souciait bien plus de ses concitoyens que de son apparence.

Retourné avec plaisir à la maison de campagne tant affectionnée, Roméo aimait accueillir des visiteurs. Il enfilait sa casquette de baseball et montrait avec orgueil ses tomates et ses groseilles dans son jardin. De temps à autre, il se rendait à la boulangerie locale pour se régaler d'une brioche sucrée. Chaque automne, sans faute, Roméo préparait les puddings de Noël.

Fidèle à une vieille habitude datant de l'époque où il travaillait dans les médias, Roméo lisait tous les jours six journaux, qui s'empilaient pour former des montagnes dans les coins et recoins de la maison.

Roméo eut la grande satisfaction de voir son fils Dominic devenir député de Beauséjour, l'ancienne circonscription de Roméo, et prendre sa place au centre du gouvernement à Ottawa.

Il recevait régulièrement la visite de ses deux enfants, de son frère Léonard, de ses neveux et nièces et de vieux amis. De temps à autre, sa camarade d'école de jadis, Laurianne, lui rendait visite et tous deux se racontaient leurs souvenirs d'écoliers.

Roméo aimait marcher le long du rivage quand la mer était calme. En fin d'après-midi, quand le soleil descendait dans le ciel et que les oiseaux marins volaient en rond, le cœur de Roméo se remplissait de souvenirs : des souvenirs de la ferme à l'Anse-des-Cormier, de ses études à Saint-Joseph, des années insouciantes à Paris et à Londres, des années passionnantes en politique sous trois premiers ministres et, plus tard, ses années en tant que représentant de la reine au Canada.

Roméo mourut paisiblement chez lui à l'âge de quatre-vingt-un ans.

Les funérailles d'État eurent lieu en l'église Saint-Thomas de Memramcook en présence de nombreuses personnalités politiques et autres dignitaires. Le long de la route parcourue par le cortège funèbre se trouvaient des pêcheurs de la région, qui avaient connu Roméo en tant que leur député, ainsi que des citoyens de la localité qui l'avaient connu gamin et l'avaient vu grandir et marcher à l'école de leur village.

Pendant la salve de vingt-et-un coups de canon au cimetière, le train du CN de mi-journée passa, faisant entendre son sifflement envoûtant dont l'écho retentit dans la vallée comme un ultime hommage.

À la porte de la salle où se tenait la réception après les funérailles, deux jeunes agents de la GRC vérifiaient la liste des invités, mais ils ne purent empêcher les citoyens et citoyennes les plus âgés du village d'y entrer. Ces personnes avaient connu Roméo toute leur vie et elles tenaient à être présentes à cet événement. Les anciens se rassemblèrent à l'intérieur pour échanger leurs souvenirs de Roméo en se racontant des anecdotes, des blagues et des mauvais tours du temps de son enfance. Ils avaient une profonde estime pour un des leurs qui n'avait jamais oublié ses racines.

Un des résidants dit fièrement à un journaliste : « Roméo était un homme bon. C'est l'un des nôtres. »

Roméo LeBlanc a vécu une vie bien remplie, laissant derrière lui le souvenir d'un homme qui est resté fidèle à ses humbles racines acadiennes même lorsqu'il occupait la plus haute fonction au pays.

Roméo sur le rivage à Grande-Digue

CHAPITRE 10
L'HÉRITAGE DU GOUVERNEUR GÉNÉRAL ROMÉO LEBLANC

Roméo LeBlanc décéda en 2009, laissant un héritage discret mais durable.

Roméo voulait que les visiteurs du Canada et de l'étranger se sentent les bienvenus à Rideau Hall. Grâce à un accès amélioré et à la création d'un centre d'activités pour enfants, les visiteurs sont venus par milliers chaque année en apprendre davantage sur le rôle du représentant de la reine au Canada.

Le Prix du Gouverneur général pour l'entraide, maintenant officiellement devenu la Médaille du souverain pour les bénévoles, était cher au cœur de Roméo. Depuis son mandat, plus de quatre mille bénévoles ont reçu cette distinction partout au pays.

Roméo créa aussi le Prix du Gouverneur général pour l'excellence en enseignement de l'histoire canadienne. Chaque année, des membres de la Société nationale d'histoire choisissent des historiens et des enseignants de chaque province et territoire pour recevoir des prix annuels en reconnaissance de leur écriture et de leur enseignement novateurs de l'histoire.

C'est en sa qualité de ministre des Pêches que Roméo accomplit l'une de ses plus importantes réalisations. Il travailla d'arrache-pied pour défendre les droits des pêcheurs, et c'est lui qui établit les limites de la zone de pêche de deux cents milles marins sur les trois côtes canadiennes. Ces limites sont toujours en vigueur aujourd'hui.

Mais, plus important encore, l'accession de l'un des siens au poste de gouverneur général donna à la société acadienne un regain de fierté de sa culture, de son histoire et de sa contribution au Canada.

ANNEXES

NOTE DE L'AUTEURE

J'ai rencontré Roméo LeBlanc pour la première fois en 2002. Sa première épouse, Lyn, m'a alors amenée à Grande-Digue pour le visiter dans son agréable maison de campagne, sur les rives du détroit de Northumberland, au Nouveau-Brunswick. Roméo était retraité depuis quelques années et il avait la réputation d'être chaleureusement amical. En effet, il s'est montré affable et accueillant. J'ai été charmée.

Il a annoncé qu'il allait cuisiner un festin de homard pour nous, et c'est ce qu'il a fait. Après le souper, j'ai marché avec lui sur le rivage où, côte à côte, nous regardions au-delà du détroit. J'ai réalisé que c'était un homme en paix, un homme satisfait de sa vie.

Lyn et moi avons passé la nuit à la maison de campagne, où les chambres solitaires occupées autrefois par les religieuses se succédaient le long d'un couloir étroit.

Le lendemain matin, j'avais un pot de confiture de groseilles préparé par Roméo à côté de moi sur le siège de l'automobile, alors que Lyn me conduisait sur une courte distance à Memramcook pour visiter la ferme où Roméo était né et où Mélindé, sa belle-sœur de quatre-vingts ans, vivait encore. Pendant que nous marchions dans le village, Lyn m'a raconté comment Roméo n'avait pas eu la permission de faire des études secondaires avant que sa sœur ne décide de payer ses frais d'études à même son salaire de domestique.

Je me souviens de m'être dit que l'enfance de Roméo ferait une belle histoire pour des jeunes, loin de penser qu'un jour je l'écrirais moi-même.

Roméo est mort quelques années après ma visite, et plus de dix ans se sont écoulés avant que je ne songe à écrire ce livre. Il peut sembler étrange qu'une auteure de livres pour enfants habitant en Colombie-Britannique veuille écrire à propos d'une personne habitant à l'autre bout du Canada, mais dès le début j'ai pensé que l'histoire de Roméo en est une dont tous les Canadiens et les Canadiennes peuvent être fiers.

Au cours des presque trois années de recherches que j'ai menées pour écrire ce livre, j'ai rencontré la deuxième épouse de Roméo, Diana, ses enfants, Dominic et Geneviève, et plusieurs de ses parents. J'ai visité sa chambre à la ferme familiale, pris dans mes mains les manuels scolaires qu'il affectionnait et parlé avec trois femmes nonagénaires qui l'avaient connu dans sa jeunesse. En écrivant cette biographie de Roméo, j'ai structuré le livre autour d'anecdotes que des personnes m'ont racontées, utilisant le dialogue pour donner vie à la biographie. Les renseignements supplémentaires et les citations proviennent d'entrevues, d'articles de journaux, d'archives et de sources gouvernementales.

Durant mes recherches au Nouveau-Brunswick, j'ai beaucoup appris au sujet de l'histoire et de la culture acadiennes, et j'ai rencontré de merveilleux Acadiens qui m'ont aidée dans l'écriture de ce livre. Ils sont désormais devenus mes amis.

REMERCIEMENTS

J'ai l'agréable devoir de remercier de nombreuses personnes pour leur assistance.

En premier lieu, je veux remercier la famille de Roméo : Lyn LeBlanc qui m'a présentée à Roméo, il y a de cela plusieurs années ; les enfants de Roméo, Dominic et Geneviève pour l'appui qu'ils ont accordé à ce projet, et Diana Fowler LeBlanc qui a généreusement partagé souvenirs et photos, et aussi pour m'avoir présentée aux autres membres de la famille. Le neveu de Roméo, Charles, et sa femme Cécile qui m'ont si aimablement voiturée au domaine familial à Memramcook et présentée à Mélindé qui avait joué un grand rôle dans l'enfance de Roméo. Ils m'ont aussi fait apprécier la meilleure guédille au homard que je n'aie jamais eu le plaisir de déguster. Linda Breau-Norman, une nièce de Roméo qui habite aux États-Unis, a partagé beaucoup de ses souvenirs de son oncle.

Dès le début, j'ai profité de l'appui énergique de Robert Pichette qui fut un grand ami et l'un des rédacteurs de discours de Roméo LeBlanc, ainsi que le traducteur inspiré de ce livre. Je lui suis profondément reconnaissante pour son enthousiasme, son travail acharné et pour son amitié.

En écrivant ce livre, j'ai bénéficié du tutorat de Debbie Hodge. Debbie écrit le genre de livres que j'admire et elle comprend le type de récit que je veux raconter. Elle est une guide talentueuse et judicieuse, ne ménageant pas son temps et toute en délicatesse.

J'ai eu beaucoup de chance lorsque Jean A. Gaudet de la Société d'histoire de Memramcook a répondu par courriel à ma première question. Deux ans plus tard, après des centaines de questions et d'échanges électroniques qui ont fait l'objet de patientes recherches pour moi de la part de Jean, je me suis rendue au Nouveau-Brunswick où je l'ai rencontré. Il a été mon cicérone dans Memramcook. Je suis tombée amoureuse de cette splendide vallée, de ses rivières à marée et du peuple acadien dans ses communautés. Parmi mes nouvelles amies acadiennes, je veux remercier tout particulièrement Laurianne LeBlanc qui a généreusement partagé ses souvenirs d'école avec Roméo, et qui fut son amie durant près de la totalité de ses quatre-vingt-treize ans. Rose-Anna LeBlanc et Germaine Poirier m'ont fait part de leur temps en compagnie de Roméo.

Je suis reconnaissante pour leur assistance en recherche à Jocelyne LeBlanc, Bibliothèque publique du Nouveau-Brunswick à Memramcook; Martin Lanther, Bibliothèque et archives Canada; Maurice Basque, Institut d'études acadiennes et François LeBlanc, Centre d'études acadiennes Anselme-Chiasson, Université de Moncton; Bernard Portier; Joanne Duguay, Musée de Moncton et Centre de découverte des transports; Huberte Gaudet; Claude Boudreau; Eddie St. Pierre; Emma Lee Arsenault; Claude Bourque; André Léger; Ed Broadbent; Dr Michael Teed; Béatrice Boudreau; Damien Cormier; Bernard Richard; Dr John Wood; et la Docteure Naomi E.S. Griffiths qui a aimablement partagé le contexte de son excellente biographie *The Golden Age of Liberalism : a Portrait of Roméo LeBlanc.*

Je tiens à remercier les dames serviables de la Résidence du gouverneur général : Heather Williamson, Commission de la capitale nationale, Marie-Pierre Bélanger, Fabienne Fusade et Marie Glinski de Rideau Hall.

Mes remerciements à mes amis compréhensifs, dont plusieurs sont écrivains et tous, des lecteurs et lectrices : Dianne Woodman, Norma Charles, Linda Bailey, Susan Moger, Leslie Buffam, Madeleine Nelson, Louis Hager, Danielle et Bob Marcotte, Don et Lydia Kasianchuck, Maureen Thackray, Glen Huser, Roberta Rich, Anne Fraser, Marc Bell, Lindsay Graham, Ron et Veronica Hatch, Monica Kulling, Mary Sanderson, Nanchy Ennis, Jane Flick, Robert Heidbreder, Ed Broadbent, et Gillian Chetty.

Reconnaissance aussi à Marie Cadieux et Sébastien Lord-Émard de Bouton d'or d'Acadie qui ont accueilli ce livre avec enthousiasme, ainsi qu'envers leurs talentueux éditeurs, graphistes et illustrateurs ; Jo-Anne Elder, Réjean Ouellette, Maurice Cormier, Romain Blanchard et Isabelle Léger.

Affectueux remerciements aux membres de ma famille qui sont aussi fiers de moi que moi d'eux.

Je remercie *Access Copyright* et le *British Columbia Arts Council* pour leur appui financier durant la phase voyages et recherches pour ce livre.

CHRONOLOGIE

QUELQUES ÉVÈNEMENTS DE LA VIE DE ROMÉO LEBLANC

QUELQUES ÉVÈNEMENTS DE L'HISTOIRE DU CANADA

Année	Vie de Roméo LeBlanc	Année	Histoire du Canada
1927	Roméo naît le 18 décembre à l'Anse-des-Cormier, N.-B.	1927	Mackenzie King est premier ministre du Canada
		1929	Début de la Grande Dépression
1933	Roméo en 1ère année		
1935	La mère de Roméo décède	1939	Début de la Seconde Guerre mondiale
1940	Roméo débute sa 8e année	1941	Joe DiMaggio établit un record de coups sûrs et de circuit
1944	Roméo entre à l'université	1945	Fin de la Seconde Guerre mondiale
1949	Baccalauréat ès Arts	1949	Terre-Neuve entre dans la Confédération
1951	Roméo obtient son baccalauréat en éducation		
1951-53	Roméo devient enseignant à Drummond, N.-B		
1954-55	Études à Paris		
1955-59	Roméo enseigne à l'École normale de Fredericton, N.-B.		
1960-67	Roméo devient correspondant à l'étranger pour CBC/Radio-Canada à Londres et Washington, puis journaliste à Ottawa	1963-68	Lester B. Pearson est premier ministre du Canada
		1965	Nouveau drapeau du Canada : l'unifolié
		1967	Centième anniversaire de la Confédération
1967-68	Roméo devient l'attaché de presse du premier ministre Pearson	1968	Le régime d'assurance maladie est adopté au Canada.

		1969	Le Nouveau-Brunswick devient officiellement bilingue
Roméo conserve son poste d'attaché de presse pour le nouveau premier ministre Trudeau	1969-71		
		1969-79	Pierre E. Trudeau est premier ministre du Canada
Roméo devient directeur des communications pour l'Université de Moncton	1971-72		
Élu député fédéral de Westmorland-Kent	1972-84	1976	Le Canada établit sa zone de pêche exclusive à 200 milles marins des côtes
Roméo devient ministre des Pêches et de l'Environnement	1974-82	1980	Le Ô Canada devient hymne national officiel
Roméo est nommé ministre des Travaux publics	1982-84	1984	Jeanne Sauvé, première femme à devenir gouverneure générale du Canada
Roméo est nommé au Sénat	1984		
		1984-93	Brian Mulroney devient premier ministre
Roméo devient président du Sénat	1993	1993	Jean Chrétien devient premier ministre du Canada
Roméo est nommé gouverneur général du Canada	1995	1995	Le second référendum sur l'indépendance du Québec est remporté par le Non
Roméo LeBlanc quitte son poste de gouverneur général et prend sa retraite	1999	1999	Création du territoire du Nunavut
Décès de Roméo LeBlanc à Grande-Digue (NB)	2009		

RÉFÉRENCES BIBLIOGRAPHIQUES ET AUTRES RESSOURCES DOCUMENTAIRES

▪ Livres en français (jeunesse)

Le Trésor de Memramcook de Dominic Langlois, illustrations de Maurice Cormier, Bouton d'or Acadie (Roman)

La Butte à Pétard de Diane Carmel Léger, Bouton d'or Acadie (Roman)

L'Acadie en baratte : Petit guide inusité des Maritimes, de Diane Carmel Léger, Bouton d'or Acadie (Roman)

Évangéline et Gabriel, Pauline Gill, Lanctôt Éditeur (Roman)

▪ Livres en anglais (jeunesse)

Winds of L'Acadie by Lois Donovan. Ronsdale Press

Dear Canada Series: Banished from Our Home: The Acadian Diary of Angélique Richard – Grand-Pré, Acadie 1755 by Sharon Stewart, Scholastic Canada

Piau's Potato Present by Diane Carmel Léger, Bouton d'or Acadie

Life in Acadia by Rosemary Neering and Stan Garrod. Growth of a Nation Series, Fitzhenry and Whiteside Company

Evangeline for Young Readers by Helene Boudreau and Patsy Mackinnon. Nimbus Publishing

▪ Livres de recette

La Cuisine traditionnelle en Acadie by Marielle Cormier Boudreau et Melvin Gallant, Éditions de la Francophonie. version anglaise : *A Taste of Acadie* by Marielle Cormier Boudreau and Melvin Gallant (translated by Ernest Bauer), Goose Lane Editions

Acadian Pictorial Cookbook with photos by Wayne Barrett, Nimbus Publishing

Pantry and Palate: Remembering and Rediscovering Acadian Food, Simon Thibault, Nimbus Publishing

▪ Film

Le film écrit par Roméo LeBlanc, réalisé par Roger Blais et produit par l'Office national du film, *Les Aboiteaux*, est disponible pour visionnement gratuit à l'adresse : www.onf.ca/film.aboiteaux

▪ Brochure

Les digues et les aboiteaux : Les Acadiens transforment les marais salés en prés fertiles, Société Promotion Grand-Pré

Dykes and Aboiteaux : the Acadians Turned Salt Marshes into Fertile Meadows, Société Promotion Grand-Pré

▪ Livres en anglais pour adultes

Evangeline: a Tale of Acadie by Henry Wadsworth Longfellow, Goose Lane Editions

The Acadians of NS: Past and Present by Sally Ross and Alphonse Deveau, Nimbus Publishing Ltd.

The Contexts of Acadian History 1686-1784, by Naomi E.S. Griffiths, McGill University Press

The Golden Age of Liberalism; a Portrait of Romeo LeBlanc, by Naomi E.S. Griffiths, Lorimer and Company

A Great and Noble Scheme: The Tragic Story of the Expulsion of the French Acadians from Their American Homeland, by John Mack Faragher, W.W.Norton & Company Ltd.

▪ Livres en français pour adultes

Histoire des Acadiens et des Acadiennes du Nouveau-Brunswick, de Sylvain Godin et Maurice Basque, Éditions de La Grande Marée

L'Acadie, hier et aujourd'hui, collectif dirigé par Phil Comeau, Waren Perrin et Mary Broussard Perrin, Éditions de La Grande Marée

Le pays appelé l'Acadie : réflexions sur des commémorations, de Robert Pichette. Centre d'études acadiennes de l'Université de Moncton

Histoire de l'Université de Moncton, Maurice Basque et Marc Robichaud, Institut d'études acadiennes

ILLUSTRATIONS ET CRÉDITS PHOTOS

p. 4   Illustration : *Carte du Canada montrant l'Acadie*

p. 6   Illustration : *Carte des Maritimes montrant la Baie de Fundy*

p. 8   Photo : *École élémentaire de l'Anse-des-Cormier*
Crédit : Société historique de la Vallée de Memramcook (Source : Jean Gaudet)

p. 10 Illustration : *Roméo marche à l'école avec son frère et sa soeur*

p. 12 Photo : *La Dispersion des Acadiens,* par Henri Beau (1900)
Crédit : Musée acadien de l'Université de Moncton : Dispersion des Acadiens par Henry Beau 1900 (Source : Bernard LeBlanc, Conservateur) P. 6

p. 14 Photo : *Photo de mariage de Philéas et Lucie LeBlanc* - Crédit : Dominic LeBlanc

p. 15 Illustration : *Pois verts*

p. 18 Photo : *Couverture du Petit Larousse 1905 « Je sème à tout vent »* -
Crédit : http://arvem-association.blogspirit.com/archive/2012/07/04/le-petit-larousse-illustre.html

p. 20 Photo : *Train à vapeur* - Crédit : Centre d'études acadiennes Anselme-Chiasson, Archives, Université de Moncton (Source : François LeBlanc, Université de Moncton)

p. 24 Photo : *« Evangéline »* - Crédit : Centre d'études acadiennes Anselme-Chiasson. Archives, Université de Moncton (Source : François LeBlanc, Université de Moncton)

p. 24 Illustration : *« Evangéline »*

p. 26 Photo : *La mère de Roméo, Lucie LeBlanc* - Crédit : Dominic LeBlanc

p. 28 Illustration : *Baseball*

p. 32 Photo : *Ouverture d'un aboiteau sous une digue* - Crédit : Beryl Young

p. 34 Illustration : *Betterave*

p. 36 Photo : *Manuels scolaires en français* - Crédit : Beryl Young

p. 39 Illustration : *Gant de Baseball*

p. 40 Photo : *Collège Saint-Joseph de Memramcook* - Crédit : Société historique de la Vallée de Memramcook (Source : Jean Gaudet)

p. 44   Photo : *Piléas LeBlanc, le père de Roméo* - Crédit : Dominic LeBlanc

p. 46   Illustration : *Souper familial*

p. 52   Photo : *« Poutine à trou »*
         https://www.tourismenouveaubrunswick.ca/Explorer/NosSaveurs/Recette/PoutinesATrou.aspx

p. 54   Photo : *Roméo portant fièrement son habit*
         Crédit : Diana Fowler LeBlanc

p. 56   Photo : *Roméo et ses amis scouts*
         Crédit : Jeannette Boudreau (Source : Jean Gaudet)

p. 62   Photo : *Roméo étudie au collège* - Crédit : Lyn LeBlanc

p. 68   Photo : *Collation des grades* - Crédit : Dominic LeBlanc

p. 71   Illustration : *« les Aboiteaux »*

p. 74   Illustration : *Roméo étudiant*

p. 76   Illustration : *Roméo enseignant*

p. 78   Photo : *« Tintamarre »*
         https://www.tourismenouveaubrunswick.ca/Produits/ECs/GrandTintamarre-dufestival-Festival-acadien-de-Caraquet-EC.aspx

p. 84   Photo : *Roméo et ses enfants, Geneviève et Dominic*
         Crédit : Lyn LeBlanc

p. 85   Illustration : *Zone de pêche*

p. 91   Illustration : *La reine*

p. 96   Photo : *Roméo lit le Discours du Trône, 1996, accompagné par Diana*
         Crédit : Lyn LeBlanc

p. 98   Photo : *Roméo avec Nelson Mandela et le premier ministre Jean Chrétien, 1998*
         Crédit : OSGG. GGC98-476-12 Nelson Mandela à la cérémonie d'investiture comme Compagnon de l'Ordre du Canada, 1998

p. 99   Illustration : *Plume*

p. 100　Photo : ***Roméo présente le Prix du Gouverneur général pour l'entraide en 1996***
Crédit : Sgt Michel Roy, Rideau Hall (c) OSGG, Photo GGC96-347-9
(source : Marie Glinski, OSGG)

p. 104　Photo : ***Roméo assiste à une partie de baseball, 1996***
Crédit : Photographie de Roy Ward, illustrant la chronique de Eddie
St. Pierre dans le Times & Transcript, Moncton (source : Eddie St. Pierre)

p. 106　Photo : ***Portrait officiel de Roméo LeBlanc,*** par Christan Nicholson
Crédit : © Crown Collection, Official Residences Division, Nation Capital
Commission, photo by : MCpl Vincent Carbonneau, Rideau Hall, 2013
(source : Marie Glinski, OSGG)

p. 108　Photo : ***Dominic LeBlanc assermenté comme député en compagnie de son père,***
sa mère, sa soeur et du Greffier de la Chambre des communes, 2000
Crédit : Lyn Leblanc

p. 112　Photo : ***Roméo sur le rivage à Grande-Digue, 2007***
Crédit : Lyn Leblanc

p. 115　Illustration : ***Grande-Digue***

p. 117　Photo : ***Timbre Roméo LeBlanc, 2010***
Crédit : Postes Canada

INDEX

Acadien(s), Acadienne(s) : 9, 11, 12, 20, 57, 66, 77-78, 89, 92
- En tant qu'adjectif : 16, 22, 72, 93, 95, 105, 109, 111, 114, (dans les remerciements : 123
- Note de l'auteure : 121

Anse-des-Cormier : 9, 41, 71, 83, 95, 110,
- Photo : 8
- Chronologie : 126

Baie de Fundy : 9, 31, 107
- Carte : 6

Blais, Roger : 71

Blanchet, Dorilla : 11, 16, 19, 22, 75

Canadien National : 10,
- Photo : 20

Carter, Lyn (Leblanc) : 79 à 82, 85
- Note de l'auteure : 120
- Remerciements : 122

CBC : 79
- Chronologie : 127

Chrétien, Jean: 87, 89
- Photo: 98
- Chronologie: 127

Collège Saint-Joseph: 31, 41, 43, 45, 50, 57, 60, 61, 63, 66, 79, 107, 110
- Photo: 40

DiMaggio, Joe: 13, 30, 55, 58 à 60
- Chronologie: 126

Eaton: 33, 69

Elizabeth II, reine: 7, 88, 90, 91, 97,
- Représentant de… : 110, 113, 89

Évangéline: 24, 78

Fowler, Diana: 87, 90 à 92, 95, 97, 99, 105, 107, 109, 121
- Photo: 96
- Remerciements: 122

Grande-Digue: 81, 90, 103, 105, 107,
- Photo: 112
- Note de l'auteur: 120
- Chronologie: 127

Gouverneur général (rôle du): 88

Lapalme, père supérieur: 42-43

LeBlanc, Daniel: 11-12

LeBlanc, Dominic : 81, 85, 110
- Photo : 84, 108
- Note de l'auteure : 121
- Remerciements : 122

LeBlanc, Geneviève : 82, 85
- Photo : 84
- Note de l'auteure : 121
- Remerciements : 122

LeBlanc, Laurianne : 13, 19, 30-31, 38, 83, 110, 123

LeBlanc, Lucie :
- Photo : 14, 26
- Sous la dénomination mère : 11, 13, 15-16, 22, 25, 27, 37, 45, 47, (dans Chronologie : 126)

LeBlanc, Philéas : 10, 37, 42-43, 47-48, 63, 75
- Photo : 14, 44,
- Sous la dénomination père : 25, 27, 41, 45-46, 65, 92

LeBlanc, Roméo :
- Député du comté de Westmorland-Kent : 82, Chronologie : 127
- Ministre des Pêches et des Océans : 83, 114, Chronologie : 127
- Nommé gouverneur général (moment) : 89, Chronologie : 127
- Mentionné comme gouverneur général : 7, 92, 95, 97, 99, 101 à 103, 105, 107, 109, 113, 114
- Rôle du gouverneur général : 88

Le Devoir : 65, 79

Liaisons : 66

Memramcook : 9, 31, 41, 49, 55, 57, 65, 67, 75, 77-78, 95, 110
- Carte : 6
- Photo : 40
- Note de l'auteure : 120
- Remerciements : 122-123

Nicholson, Christan : 109
- Photo : 106

Office national du film : 71

Pearson, Lester : 80-81
- Chronologie : 126

Petitcodiac (rivière) : 15

Poirier, Germaine : 75-77
- Remerciements : 123

Prix du gouverneur général pour l'entraide : 100-101, 113

Prix du Gouverneur général pour l'excellence en enseignement de l'histoire canadienne : 102, 113

Poutine à trou : 51-52, 83

Québec :
- Province : 64, 69, 78, 80, 87, Chronologie : 127

- Ville de : 72, 88, 103

Radio-Canada : 79
- Chronologie : 126

Rideau Hall : 88, 92, 97, 99, 103, 107, 109, 113
- Photo : 106
- Remerciements : 124

Seconde Guerre mondiale : 35, 51, 57, 64, 93
- Chronologie : 126

Sorbonne (université) : 7, 35, 72

Trudeau : 81, 83
- Chronologie : 127

www.ingramcontent.com/pod-product-compliance
Lightning Source LLC
Chambersburg PA
CBIIW061418090426
42743CB00022B/3482